高等院校精品课程系列教材

创新创业实战教程

INNOVATION AND ENTREPRENEURSHIP PRACTICAL TUTORIAL

丁斌 著

图书在版编目（CIP）数据

创新创业实战教程 / 丁斌著 . —北京：机械工业出版社，2021.1（2024.12 重印）
（高等院校精品课程系列教材）

ISBN 978-7-111-67398-9

I. 创… II. 丁… III. 大学生 - 创业 - 高等学校 - 教材　IV. G647.38

中国版本图书馆 CIP 数据核字（2021）第 012829 号

本书紧紧围绕产品与服务创业这一关键内容，按照产品与服务创意、外部调查、产品开发、商业模式与营销规划、运营系统设计、创业团队与股权设计、项目评估与融资、创业项目实施这八大创业过程逐步展开，介绍创业的基本知识、管理理论和实战训练活动。本书通过实例指导读者投身实践，逐步实现创业目标，进而让读者在掌握相应知识的同时，提升自身的能力。此外，本书还配套了 MOOC 课程（www.ehuixue.cn），可供读者进一步学习。

本书适合作为高等院校创新创业基础课程教材，也可供创业者、创业孵化机构工作人员阅读和参考。

出版发行：机械工业出版社（北京市西城区百万庄大街 22 号　邮政编码：100037）
责任编辑：李晓敏　　　　　　　　　　　　　　责任校对：殷　虹
印　　刷：北京捷迅佳彩印刷有限公司　　　　　版　　次：2024 年 12 月第 1 版第 8 次印刷
开　　本：185mm×260mm　1/16　　　　　　　印　　张：12.25
书　　号：ISBN 978-7-111-67398-9　　　　　　定　　价：39.00 元

客服电话：(010) 88361066　68326294

版权所有·侵权必究
封底无防伪标均为盗版

推荐序
FOREWORD

2019年两会期间,习近平总书记强调,要营造有利于创新创业创造的良好发展环境。党的二十大报告提出"创新是第一动力",最大限度释放全社会创新创业创造动能,不断增强我国在世界大变局中的影响力、竞争力。

大学生正处于知识获取阶段,不仅需要掌握各专门学科的专业知识,还需要了解和掌握人文、社会科学知识,使自己得到全面发展。因此,大学生需要在大学阶段保持旺盛的求知欲望,刻苦攻读,像海绵吸水一样充实自己的知识宝库,为将来进入社会工作打下坚实的基础。

比知识更加重要的,是能力。所谓能力,就是运用知识解决实际问题的本事。长期以来,应试教育以考试成绩作为衡量学生水平的唯一指标,把学生误导到"为考试而学习"的歧途,造成了很多高分低能者,导致一些人大学毕业后进入工作岗位,大事做不了,小事不想做,动手能力很差。因此,为了适应社会对应用型人才的需要,大学生应在吸收知识的同时,通过参与社团活动、参加社会实践等形式,不断提高自己的能力,以迎接未来的挑战。

创业教育正是提升大学生能力的重要方式。通过参与创业教育甚至尝试创业,大学生可以接触到技术、企业管理、投资等各领域的专家,了解产品研发、营销、生产、财务、融资等各方面的事情。在这个过程中,大学生可以(也需要)和各种各样的人交流,提高自身的沟通能力、领导能力和团队合作能力;可以发现自己知识和能力上的不足,学会创新思维,更加发奋学习;可以结交志同道合的伙伴,收获人生路上的知己;可以逐渐明确人生的方向,找到为之奋斗的远大目标。创业教育把知识学习和能力培养紧密结合起来,把大学生培养成有理想、有追求、有知识又有能力的复合型人才,从而能够满怀信心地迎接未来的挑战。

大学生肩负着实现中华民族伟大复兴的历史重任。投身创业,是时代的要求、国家的召唤。学习创业知识、参与创业实践,对于提高大学生的创新思维、沟通能力、团队合作能力、领导能力，都具有重要意义。

丁斌老师长期从事创业研究与实践，具有深厚的理论功底和丰富的实战经验。这本《创新创业实战教程》贴近大学生创业教育的实际，对创业过程进行了很好的总结。书中提供了很多有趣的实例，可以引导学生动手实践，使学生掌握创业所需要的知识，并通过一系列实训提升实战能力。相信这本书对于希望学习、了解创业相关知识和提高实战能力的大学生会有较大的帮助。

最后，祝广大学生在创新创业中不断提升自己，担负起民族伟大复兴的历史使命，实现人生的远大理想！

中国科学技术大学校长
中国科学院院士

前言
PREFACE

在商业社会，创业是一项经常发生的事情。成功的创业者是社会的骄子，他们创造的企业在追求自身价值的同时，为社会提供了日新月异的商品或服务，带来社会财富的持续增长，为劳动者创造就业机会，为经济社会发展做出贡献。没有一批批创业者的付出，社会发展将陷入停滞状态。

改革开放以来，我国经济经过40多年的高速增长，已经进入新的发展时期。随着国家"大众创业、万众创新"号召的提出，有越来越多的人投身创业，很多大学也把创业教育作为学生的必修课程，并提供诸如孵化器、创业中心、创业基金等多种形式来指导、支持学生创业。在大学的创业教育中，教材非常重要。

目前，国内创新、创业相关的图书琳琅满目。这些图书从不同的角度，分析创新、创业过程中出现的各种问题，指导创业者做正确的事，纠正创业中的错误，帮助创业者实现梦想。然而，针对大学生的创业教育，这些图书大多并不合适，主要表现在：很多作者自身没有创业经历，书中大多是间接知识；对创业过程往往关注主要环节，系统性、完整性不够；缺乏实际可操作性，学生看了教材还是不知道如何开始自己的创业。

作者在20世纪90年代曾有8年的创业经历，在中国科学技术大学管理学院从教之后，接触了成百上千名创业者，直接指导、参与过十多个实际的创业项目，多次指导学生参与创业大赛并摘金夺银。多年来，作者承担MBA"商业计划与创业实践"课程、本科生与EMBA"商业模式"等课程的教学工作，深感创业教育不能局限于知识的传播，而应该把学生能力培养放在首位，让学生在"干中学"。

基于此，本书紧紧围绕产品与服务创业这一关键内容，按照产品与服务创意、外部调查、产品开发、商业模式与营销规划、运营系统设计、创业团队与股权设计、项目评估与融资、创业项目实施这八大创业过程逐步展开，介绍创业的基础知识、管理理论和实战训练活动。本书通过实例指导创业者投身实践，逐步实现创业目标，进而让学生在掌握知识的同时，能够提升自身的能力。

本书力争体现系统性、指导性、参考性、操作性的特色。

系统性是指围绕学生创新、创业需求，系统介绍创业所需的各种知识，系统划分创业过程的各个环节，使学生对创业过程有更全面的认识。

指导性是指对于每个环节，指导学生如何做，而不是只讲授相关知识。每一章在讲解相关知识之后，把重点放在"如何做"上面，并提供可以使用的实训模板。

参考性是指运用大量案例，介绍以前的创业者是如何做的，使学生能借鉴、参考。抽象的理论不好掌握，辅以案例就很容易理解。

操作性是指每章结束时，要求学生分析自己的创业项目，完成该环节的创业实训，内容包括撰写分析报告或设计方案。让学生学以致用、亲身实践，才能取得良好的教学效果。

此外，本书结尾推荐深度阅读资料，包括相关领域的图书、文章，有助于学生拓展相关知识，克服本书因篇幅所限对于知识介绍不足的问题。

本书配套的 MOOC 课程（www.ehuixue.cn）已经上线，可供学生学习。授课教师可向出版社索取配套教学课件。教师在使用本书时，可以根据自己所在学校的创业课程的要求，有针对性地安排讲授和学生实践的内容。

在编写过程中，中国科学技术大学创新创业学院提供了多方面的支持，并将本书选为"创新创业"课程的教材，在此作者深表感谢。

中国科学技术大学管理学院创业课程组的老师们为本书的编写提供了很多支持。我的研究生朱玉杰、张起东、徐凤琴、苏亚州等参与了初稿的整理工作。机械工业出版社的编辑对本书的章节组织和具体内容提出了高水准的修改建议。山东大学、兰州大学、河海大学、合肥工业大学等高校的诸多教授提出了很多有建设性的意见。所有这些，是本书得以顺利出版的保证，在此一并表示衷心的感谢。

教学建议
SUGGESTION

  本书是专为没有创业经历的大学生编写的创业教程，旨在通过一系列训练，让学生掌握创业所需的相关知识，提高动手创业的能力。理论和实践相结合、学生深度参与，是本书期望实现的目标。

  建议从第二次课开始，组成项目团队。项目带头人采取自由申报的方式，当众演讲。团队成员和项目带头人进行双向选择，一般每个团队6～8人，尽量在专业特长、经历、性格等方面形成互补，避免团队成员同质化。为鼓励产生带头人，可以采取一些激励措施。此后，围绕每个阶段的任务，团队合作搜集资料、制作PPT、演讲，最终的成果是各创业项目的商业计划书。

  本书推荐的学时为40学时，可以安排8～10讲，每讲3～4节课，每节课包括教师讲解和学生参与两项内容，大致对应书中的10章内容。每一讲的主题初步设计如下：

讲次	主 题	教师讲解	学生在课堂上的工作	学生课后的工作
1	创意创新创业概述	讲解90分钟	● 无	● 每人做一个大胆的创意 ● 策划创业项目
2	创业过程	点评30分钟	● 创业带头人介绍项目 ● 双向选择团队成员 ● 团队讨论项目	● 阅读第2、3章 ● 完善产品与服务创意
3	产品与服务创意	同上	● 汇报产品与服务创意方案	● 阅读第4章 ● 进行同类产品、市场、行业、用户/消费者调查
4	外部调查	同上	● 汇报4个调查结果	● 阅读第5章 ● 准备产品开发计划
5	产品开发	同上	● 汇报产品开发计划	● 阅读第6章 ● 设计商业模式与营销规划
6	商业模式与营销规划	同上	● 汇报商业模式与营销规划	● 阅读第7章 ● 设计运营系统

（续）

讲次	主 题	教师讲解	学生在课堂上的工作	学生课后的工作
7	运营系统设计	同上	● 汇报运营系统设计	● 阅读第 8、9 章 ● 准备创业团队与股权设计 ● 准备项目评估与融资
8	创业团队与股权设计、项目评估与融资	同上	● 汇报创业团队、股权设计、项目评估与融资	● 阅读第 10 章 ● 准备商业计划书
9	商业计划书	同上	● 汇报商业计划书初稿	● 商业计划书完善
10	课程汇报	等同考试	● 汇报商业计划书	● 课程结束

教师可以根据自己的需要进行组合、取舍。

教学生创业，就像教人学骑自行车，重要的不在于讲解自行车构造、力学平衡、动力学、运动医学等原理，而在于学生的不断练习。按照作者的设想，创新创业课程的主要工作是由学生完成的，教师的作用如同教练，对于学生的行为进行指导、观察、纠正，让学生在训练中学会创业。

本书配套的 PPT 等教学资源，可以向出版社索取。非常希望使用本书的老师们能提出宝贵意见，以便作者持续完善本书，在此表示衷心感谢！

目 录
CONTENTS

推荐序
前　言
教学建议

第 1 章　导论：创意与创新思维 …………… 1
1.1　认识创意 …………………………… 1
1.1.1　孙正义与翻译机的故事 ………… 1
1.1.2　创意的内涵 …………………… 2
1.1.3　创意的作用 …………………… 3
1.2　认识创新 …………………………… 4
1.2.1　创新的定义 …………………… 4
1.2.2　创新的分类 …………………… 5
1.2.3　创新理论的发展 ……………… 5
1.2.4　创新常见的方法与过程 ……… 6
1.3　创新思维 …………………………… 8
1.3.1　什么是创新思维 ……………… 8
1.3.2　如何训练创新思维 …………… 9
1.4　从创意、创新到创业 …………… 10
1.4.1　三创的逻辑 ………………… 10
1.4.2　为创业做好准备 …………… 10
1.5　本书内容与目标 ………………… 11

第 2 章　创业概述 ……………………… 12
2.1　产品创业故事 …………………… 12

2.1.1　故事情节 …………………… 12
2.1.2　贯蛋酒的启示 ……………… 15
2.2　理发店的创业故事 ……………… 15
2.3　创业者的特质 …………………… 17
2.3.1　创业者的共同点 …………… 17
2.3.2　创业者的性格特点 ………… 19
2.3.3　了解自己是否适合创业 …… 20
2.3.4　创业者需要的知识和能力 … 22
2.4　创业过程 ………………………… 23
2.4.1　创业周期 …………………… 23
2.4.2　创业八部曲 ………………… 24
2.5　利用创业资源 …………………… 28
2.5.1　创业者面临的挑战 ………… 28
2.5.2　社会创业基地 ……………… 28
2.5.3　互联网创业资源 …………… 29
2.5.4　创业大赛 …………………… 30
2.5.5　市场调查资源 ……………… 31

第 3 章　产品与服务创意 ……………… 33
3.1　发现商业机会 …………………… 33
3.1.1　发现商业机会的例子 ……… 33
3.1.2　德鲁克关于"机会"的七个窗口 … 35
3.1.3　认识商业机会 ……………… 36

3.1.4 识别商业机会 …………………… 38
3.1.5 创业机会评估 …………………… 39
3.2 产品创意 ……………………………… 41
3.2.1 产品创意基础知识 ……………… 41
3.2.2 发现用户痛点 …………………… 42
3.2.3 发现用户痛点的方法 …………… 43
3.3 服务创意 ……………………………… 44
3.3.1 服务创意基础知识 ……………… 45
3.3.2 发现服务痛点 …………………… 46
3.3.3 服务创意示例 …………………… 46

第 4 章 外部调查 ………………………… 49
4.1 同类产品调查 ………………………… 49
4.1.1 同类产品调查的必要性和内容 … 49
4.1.2 同类产品调查的途径 …………… 50
4.1.3 产品调查的信息处理 …………… 53
4.2 市场调查 ……………………………… 55
4.2.1 市场调查基础知识 ……………… 55
4.2.2 问卷调查法 ……………………… 57
4.2.3 市场调查案例：果酒市场调查 … 57
4.3 行业调查 ……………………………… 60
4.3.1 行业基础知识 …………………… 60
4.3.2 行业调查的内容 ………………… 61
4.3.3 行业调查的过程 ………………… 62
4.3.4 行业分析中可能遇到的问题 …… 63
4.3.5 行业分析的工具 ………………… 64
4.4 消费者调查 …………………………… 65
4.4.1 消费者调查基础知识 …………… 66
4.4.2 消费者调查的目的和内容 ……… 66
4.4.3 消费者调查方法 ………………… 67
4.4.4 工业品的用户调查 ……………… 67

第 5 章 产品开发 ………………………… 70
5.1 产品整体概念 ………………………… 70
5.1.1 产品整体概念基础知识 ………… 70
5.1.2 产品整体概念案例：三只松鼠 … 72
5.1.3 产品整体概念的市场意义和企业
经营意义 ………………………… 74
5.2 产品技术方案设计 …………………… 75
5.2.1 产品技术方案设计基础知识 …… 76
5.2.2 产品技术方案设计步骤 ………… 76
5.2.3 服务产品的技术方案设计 ……… 79
5.2.4 产品技术方案的评估 …………… 79
5.3 服务包与服务蓝图设计 ……………… 80
5.3.1 服务的含义及特点 ……………… 80
5.3.2 服务包的设计 …………………… 81
5.3.3 服务蓝图设计 …………………… 82
5.3.4 服务包与服务蓝图的设计案例 … 83
5.4 市场定位 ……………………………… 86
5.4.1 市场定位理论 …………………… 86
5.4.2 定位理论的应用 ………………… 87
5.4.3 市场定位案例 …………………… 88
5.5 工艺开发 ……………………………… 89
5.5.1 工艺开发的前期准备 …………… 89
5.5.2 工艺开发的内容 ………………… 90
5.6 产品研发计划 ………………………… 91
5.6.1 产品研发基础知识 ……………… 92
5.6.2 研发管理的方法 ………………… 93
5.6.3 产品研发计划编制工具 ………… 95

第 6 章 商业模式与营销规划 …………… 98
6.1 商业模式 ……………………………… 98
6.1.1 商业模式基础知识 ……………… 98
6.1.2 商业模式要素 …………………… 99
6.1.3 经典商业模式 …………………… 100
6.1.4 商业模式案例 …………………… 101
6.1.5 商业模式设计 …………………… 104
6.1.6 商业模式执行要素设计 ………… 106

6.2 市场营销创新 108
- 6.2.1 市场营销基础知识 108
- 6.2.2 市场定位与市场营销组合 109
- 6.2.3 创业阶段的市场营销 111
- 6.2.4 市场营销创新案例 112

6.3 营销渠道与促销 114
- 6.3.1 营销渠道基础知识 114
- 6.3.2 互联网时代的渠道 115
- 6.3.3 渠道管理 116
- 6.3.4 促销 117
- 6.3.5 事件营销案例 118

6.4 销售管理 120
- 6.4.1 销售管理基础知识 120
- 6.4.2 销售管理的主要内容 121
- 6.4.3 销售管理案例 123

第7章 运营系统设计 126

7.1 运营系统总体设计 126
- 7.1.1 企业运营系统和运营管理 126
- 7.1.2 运营系统的总体策略 129
- 7.1.3 运营管理案例 129

7.2 采购与外包 131
- 7.2.1 采购与外包基础知识 131
- 7.2.2 采购目标与优势 132
- 7.2.3 采购物品的分类方法与采购方式 133
- 7.2.4 采购流程 133
- 7.2.5 供应商的选择与管理 134
- 7.2.6 采购与外包案例 135

7.3 生产过程和生产方式选择 136
- 7.3.1 生产过程分类 136
- 7.3.2 生产方式分类 138
- 7.3.3 创业公司的生产方式决策 139

7.4 服务运营 140
- 7.4.1 服务运营的定义及特点 140
- 7.4.2 应对顾客需求变化的策略 140
- 7.4.3 服务运营案例 142

7.5 企业物流规划 144
- 7.5.1 企业物流概述 144
- 7.5.2 采购物流 145
- 7.5.3 生产物流 146
- 7.5.4 销售物流 147
- 7.5.5 创业企业物流规划 148

第8章 创业团队与股权设计 150

8.1 创业团队组建 150
- 8.1.1 创业团队简介 150
- 8.1.2 创业团队基本要素 151
- 8.1.3 团队的组建需要注意的问题 151
- 8.1.4 案例:腾讯的创业团队 152

8.2 创业公司的股权设计 153
- 8.2.1 股权的含义 153
- 8.2.2 创业股权设计的重要性 154
- 8.2.3 股权设计方法 154
- 8.2.4 股权与决策权 156

第9章 项目评估与融资 157

9.1 销售预测与成本测算 157
- 9.1.1 销售预测 157
- 9.1.2 成本测算 158

9.2 财务预算与投资评估 159
- 9.2.1 财务预算基础知识 160
- 9.2.2 财务预算示例 160
- 9.2.3 投资回收期基础知识 161
- 9.2.4 投资回收期计算示例 162

9.3 融资规划与风险控制 163
- 9.3.1 融资基础知识 163
- 9.3.2 创业项目融资 163
- 9.3.3 企业经营风险 165

第 10 章 创业项目实施 168

10.1 商业计划书概述 168
- 10.1.1 商业计划书基础知识 168
- 10.1.2 商业计划书的框架 169
- 10.1.3 商业计划书的编写原则与方式 170

10.2 商业计划书结构及内容筹划 170
- 10.2.1 商业计划书的摘要与结构 170
- 10.2.2 商业计划书的主要内容 171

10.3 创业大赛 175
- 10.3.1 创业大赛介绍 175
- 10.3.2 项目路演要点 176

10.4 创业公司建立 177
- 10.4.1 公司创立流程 178
- 10.4.2 创业公司需要建立的制度 178
- 10.4.3 如何制定公司制度 179

推荐阅读 181

第 1 章

导论：创意与创新思维

创意、创新、创业简称三创，在"大众创业、万众创新"的时代备受瞩目。创意、创新是创业的基础，而创业反过来激发创意、创新。因此，在学习创业之前，要先了解创意、创新的内涵，才能使我们的创业更加精彩。

1.1 认识创意

1.1.1 孙正义与翻译机的故事

20世纪70年代末期，孙正义还在美国上大学的时候，就坚持阅读各种流行期刊捕捉信息，经常冥思苦想有什么伟大的发明。

当时的日本正处于经济高速发展阶段，一派欣欣向荣的景象，日本人也经常出国，也有很多外国人去日本，语言不通成为阻碍人们交流的大问题。70年代初，英国人辛克莱发明的可以放在口袋里的电子计算器风靡一时。于是孙正义就想：能不能发明一种个人使用的翻译机，将英语和日语进行互译？

孙正义读的是经济学专业，根本不懂翻译和电子技术。于是孙正义首先找到大学里最优秀的教授，把自己的想法告诉了他。为了便于使用，孙正义提出翻译机要具备文字显示和语音功能。经过一段时间的研发，教授把孙正义的想法变成了现实，做出了样机，并且申请了专利。

孙正义找到夏普公司的总裁，说自己发明了翻译机，如果夏普投资生产，就可以成为世界上第一家生产翻译机的公司，不过夏普需要支付100万美元的专利费。100万美元在当时算是一笔巨款，但对于夏普这样的大公司并不是问题，成为世界第一的机会更具诱惑力。于是，世界上第一台语音翻译机诞生了！

在这个故事中，两手空空的孙正义通过一系列创意把梦想变成了现实，赚到了人生第一桶金，这给了我们如下启示：

（1）发现市场需求，是产生创意、实现梦想、成就伟大的第一步。而发现市场需求，有时有一双敏锐的眼睛比掌握专业知识重要。

（2）大胆创意是迈向成功的重要行动。如果只是停留在发现市场需求的阶段，需求永远得不到满足。大胆地提出解决方案，哪怕在别人看来是天方夜谭，也是解决问题的前提。能提出什么样的方案，与个人的思维方式、知识储备、信息积累都有关系。

（3）整合资源可以让梦想变为现实。很多时候，我们自己没有能力把创意变成现实。整合资源、同最优秀的人合作，往往能够事半功倍。

（4）把东西卖给最有价值的人。同样的东西，不论是商品、服务还是知识，对于不同的人，价值是不同的。如果孙正义把专利卖给一个小公司，不可能要价这么高，而且小公司也没有能力把翻译机做成世界第一的产品。而像夏普这样的世界级公司，资金雄厚，完全有能力把产品推向世界。在企业高速发展的过程中，夏普也需要不断推出新产品，而翻译机可以开创一个巨大的市场，助力夏普的发展，所以100万美元的专利费对夏普而言并不算高。

孙正义发明翻译机的故事告诉我们：发现市场需求、大胆创意，是个人成长中非常重要的实践。创意不需要太多的投入，就能为自己和他人创造价值。伟大的创意甚至能改变社会。了解创意、学会创意，是年轻人必修的功课。

1.1.2 创意的内涵

1. 创意的含义

《现代汉语词典》中，"创"字的解释为"开始做，初次做"，作者认为，"创"就是创新、创作、创造；"意"是指意识、概念、观念、智慧、思想。创意是创造意识或创新意识的简称，是指基于现实存在事物的理解以及认知，所衍生出的一种新的抽象思维和行为潜能。

这个解释不好理解。简单来说，创意，就是创造出一种新的思想、意识、事物，也可以理解为针对生活和工作中的某种问题，创造出一种新的解决方案。创意是社会发展的动力。创意也是个人事业的灵魂，没有创意，人生可能归于平庸。

创意自古就有。原始人采摘了果子，想吃里面的果肉，但是用手掰不开果子，于是学会了用石头砸开果子；为了分享猎物，原始人创造了石片、石斧、石刀、石针；还有构木为巢、钻木取火……人类在漫长的发展过程中，不断创意，才有今天高度发达的科技。可以说，没有创意，就没有人类的发展。

2. 创意的分类

创意按照对象可以分为：

- 观念创意：针对以前落后的观念，创造出一种新的观念。
- 思想或理论创意：创造出一种新的思想或理论。

- 概念创意：创造出一种新的概念，如电商、共享单车、智慧城市等。
- 商品创意：创造出一种新的商品，如一次性圆珠笔、X光机、消字灵等。
- 服务创意：创造出一种新的服务，如家政服务、无线通信等。
- 解决方案创意：创造出一个综合性的解决方案。比如马斯克的可回收火箭，在发射卫星后，还可以进行回收利用，这不是靠单个产品完成的，是一套综合性解决方案。还有如2008年北京奥运会开幕式、我国自行研制的北斗卫星导航系统等，都是解决方案创意的例子。

3. 产生创意的步骤

创意虽然看上去很容易，但是产生伟大的、有价值的创意很难。因此，我们需要了解产生创意的过程。一般来说，产生创意需要经历6个阶段。

（1）发现问题。我们观察现象，分析其中存在什么问题，或者有哪些需求未被满足。

（2）分析现有的解决方案。针对发现的问题，前人往往已有很多解决方案。我们需要收集资料，分析现有方案的优缺点。缺少这一步的话，你的创意往往会和别人雷同。

（3）找出解决问题的关键。任何事情都存在关键环节，抓住关键，就可以让问题迎刃而解。

（4）产生创意。充分发挥想象力、创造力，针对问题提出创新性的解决方案。有时创意来自思想火花，或是长期冥想之后的灵光一现。举个例子，有一年我和高中同学要捐款给母校做一尊雕塑，但是关于用什么主题，大家一直找不到好的点子。我那段时间天天想这个问题，一天凌晨，蒙蒙眬眬之中突然想到了烛光，这不正好代表老师的奉献精神吗？于是我们将雕塑取名为"烛光台"，请设计师设计制作、请院士题字、举行落成仪式，现在烛光台已经成为母校最火的"打卡"地。

（5）对创意进行评估。创意只是一个概念、一个点子，需要评估。评估可以从创意为各利益相关者带来的价值、技术可行性与合理性、经济可行性、社会影响等角度进行。如果创意在一些关键性的指标方面有很大价值，我们就可以组织攻关，进入实施环节。

（6）实施创意。实施创意就是把创意的概念变成现实。我们需要进行详细设计、不断完善方案，再组织技术研发、募集资金，制订实施计划，一步步把梦想变为现实。

4. 什么样的人善于创意

善于创意的人，往往具有以下性格特征：一是叛逆，总是带着批判性思维，用怀疑的眼光看世界，总想改变世界；二是思维发散，不受条条框框限制；三是善于迎接挑战，不畏困难，坚韧不拔；四是对事物观察入微，善于发现常人不能发现的问题；五是不功利，而对钱过于敏感的人往往急功近利，难有长远眼光。

1.1.3 创意的作用

前面说过，创意是个人事业的灵魂，人类发展的历史就是不断创意的历史。具体来说，创意具有以下作用。

（1）创意能让个人能力得到不断提升。我们在学校学了很多知识，而社会更需要的是能力。创意就是观察现象、发现问题、提出创造性的解决方案，把知识转化为能力的重要渠道。因此，我们非常鼓励大家形成细致观察、发现问题、提出创意的习惯，让自己的能力得到提升。

（2）创意是创业的起点。创业需要好的项目（本书后面会专门介绍），而创意是产生好项目的最重要来源。

（3）创意能为利益相关者带来价值。创意实施过程中，涉及技术研发人员、投资商、生产商、销售商、用户等一系列利益相关者。好的创意如孙正义的翻译机，能为所有利益相关者带来价值：有的获得利润，有的出名，有的提高品位。

（4）创意促进社会进步。每个人贡献一点儿创意，积少成多，不断促进社会发展。

综上所述，创意对于个人、企业和社会，都是非常重要的。拒绝平庸，让人生更精彩，从创意开始！

1.2 认识创新

如果说创意是创造出思想、商品、服务、解决方案等，那么，创新就是一个过程，是指创造与以前不一样的东西的过程。

1.2.1 创新的定义

"创新"（innovation）一词起源于拉丁语，原意有三层含义：更新、创造新的东西、改变。

创新是以新思维、新发明和新描述为特征的一种概念化过程，是提出有别于常人或常规思路的见解。

创新的本质是突破，即突破旧的思维定式、常规戒律。创新活动的核心是"新"，"新"或体现为产品的结构、性能和外部特征的变革，或体现为造型设计、内容的表现形式和手段的改变，或体现为内容的丰富和完善。

创新的目的是改进或创造新的事物、方法、元素、路径、环境。从这个意义上来说，创新并不要求创造全新的东西，可以是在原有基础上的改进。

创新是人类特有的认识能力和实践能力，强调社会实践性，努力改变世界以满足社会不断发展的需求。离开社会实践，创新就失去了意义。

创新是一个过程，就是不断发现问题，不断创造或改进，不断重复肯定之否定与否定之肯定的过程，永无止境。而创意产生之后，会具象化为某种产品、服务、思想，在社会上传播、销售，保持一段时间，直到下一次更高级的创意产生。正是因为有创新的过程，才会有创意的产生。

1.2.2 创新的分类

1. 按照创新的对象，可以分为技术创新、管理创新和制度创新

技术创新是对于技术、工艺的创新，包括技术改进、技术升级、工艺变革等。技术创新可用于改进产品或服务，使之性能更好、成本更低、使用更便捷。

管理创新是指对于企业等组织管理方面（比如计划、组织、指挥、控制等）的创新。管理创新有助于企业增强经营、管理能力。

制度创新指的是对现存制度（如政治制度、经济制度、公司制度、税收制度、教育制度等）的变革。对企业来说，制度创新是根本，例如，如果企业没有建立现代企业制度，必然会产生公司治理失衡、决策失误等严重问题，那么企业就难以在市场竞争中获胜。而技术创新和管理创新是在制度创新的前提下，在技术和管理方面推动企业不断进步。

2. 按照创新的程度，分为革命性创新和局部创新两个层次

革命性创新包括两种：一是开拓式创新，即创造历史上不曾出现过的、全新的事物，如牛顿的经典物理学、爱因斯坦的相对论、莱特兄弟发明飞机等。二是破坏式创新，破坏性地打破原有规则，推出全新的产品或服务。它又分为破坏性技术、破坏性产品、破坏性方法和破坏性商业模式。比如手机取代固定电话、U盘取代软盘、准时生产制取代仓库备货、平台交易模式取代传统的销售模式等。

局部创新包括：

（1）升级式创新：指对产品或服务的升级，比如移动通信从4G到5G的创新。

（2）差异化创新：创造出与以往不同的事物，比如老年手机、物流专用车、无人机等。

（3）组合式创新：将已有的事物重新组合，形成新的事物，满足新的需求。比如应急指挥车，其中的运输、通信等技术都是已有的，组合起来可以满足灾害发生情况下的指挥需求。

（4）移植式创新：就是把用在一个领域的技术，移植到另外一个领域，创造出新的产品或模式。例如，亚马逊在网上销售图书取得成功后，将电子商务模式拓展到服装、家电甚至汽车等产品上。

综上所述，创新有很多类型，在实际中，我们要根据事物发展的需要，采用相应的创新模式。

1.2.3 创新理论的发展

长期以来，国内外有众多学者研究创新的规律，希望能用以指导创新活动，从而形成了丰富的创新理论。

英国经济学家凯恩斯是最早提出"创新"概念的学者，他认为，经济发展是创新的结果。

奥地利经济学家熊彼特被认为是创新理论的开创者。20世纪30年代，他提出企业家的职责就是率先运用新技术和新发明,并用创新理论解释了资本主义的产生和发展。熊彼特的创新理论可以归结为5句话:企业家的本质是创新;企业家是推动创新和经济发展的主体;创新的主动力来自企业家精神;成功的创新取决于企业家的素质;信用制度是企业家实现创新的经济条件。

第二次世界大战结束之后,西方经济学家在该创新理论的基础上,提出了技术创新理论和制度创新理论,形成了较为完整的创新理论新体系。

耶鲁大学教授曼斯菲尔德对新技术的推广问题进行了深入研究,提出了模仿、守成、模仿比率、守成比率等概念。

美国经济学家戴维斯和诺斯于1971年出版了《制度变迁与美国经济增长》一书,研究了制度变革的原因和过程,并提出了制度创新模型。

20世纪70年代,经济学家卡曼、施瓦茨等人从垄断与竞争的角度,对技术创新的过程进行了研究,提出了最有利于技术创新的市场结构理论。

这些理论的发展,涉及技术创新、制度创新等诸多领域,对于经济发展具有很好的指导作用。进入21世纪,随着互联网的普及、知识经济的出现,人们在重视经济的同时,更加重视人类的活动对生态和环境的影响,重视可持续发展,创新理论还在不断发展。

1.2.4 创新常见的方法与过程

1. 常见的创新方法

(1) 试错法。试错法就是为了实现创新的目标,不断试验,消除误差,直到达到满意的结果。每次试错,就可以排除一些解决问题的路径。这种方法看上去效率很低,但当方向不明确时,往往能取得效果,体现了积极创新的良好心态。

(2) 六项思考帽法。六项思考帽法是英国学者爱德华·德·波诺(Edward de Bono)博士开发的一种思维训练模式,也是一个全面思考问题的模型(见图1-1)。它提供了"平行思维"的分析过程,避免把时间浪费在互相争执上。它强调解决问题,而不是争论谁对谁错。运用六项思考帽法,可以使混乱的思路变得更清晰,使团体中无意义的争论变成集思广益的创造,使每个人都变得富有创造性。

第一步,白色思考帽:陈述问题的事实和资讯,列出所有相关的问题。

第二步,绿色思考帽:所有人员运用创新思维,提出各自的方案、办法、建议和措施,不分对错。这个阶段要跳出一般的思考模式,大胆提出思路。

第三步,黄色思考帽:对所有想法从正面的角度进行逐个分析,找出其有价值的地方。

第四步,黑色思考帽:对每一种想法的危险性和隐患进行评估,可以排除明显不合理的方案。

第五步,红色思考帽:这时候从经验、直觉角度

白帽	✓	是什么导致的问题/焦点陈述
绿帽	✓	提出解决问题的办法
黄帽	✓	每个想法有价值的地方
黑帽	✓	每个想法不足之处
红帽	✓	选择最好的办法
蓝帽	✓	我们下一步怎么做

图1-1 六项思考帽法

对已经过滤的问题进行分析，做出决定。

第六步，蓝色思考帽：总结陈述，得出最终方案，并提出实施方案的计划。

（3）头脑风暴法。它又称智力激励法、自由思考法（畅谈会法、集思法），由美国BBDO广告公司的奥斯本首创。它是指将少数人召集在一起，以会议的形式，对某一个问题进行自由思考和联想，提出各自的设想和提案，通过不断地思辨、争论，逐步达成一致意见，或保留若干方案。

（4）TRIZ法。TRIZ理论是苏联发明家、教育家根里奇·阿奇舒勒（G. S. Altshuler）在1946年创立的，全称为"发明问题解决理论"。TRIZ理论成功地揭示了创造发明的内在规律和原理，着力澄清和强调系统中存在的矛盾，其目标是完全解决矛盾，获得最终的理想解。TRIZ法提供了很多有价值的方法、工具，比如分析问题阶段的多屏幕法、对复杂问题分析的"物–场分析法"、技术系统的8个基本进化法则、40个创新原理、发明问题解决算法（ARIZ）等。

（5）曼陀罗法。曼陀罗法是利用一幅类似九宫格的图，将主题写在中央，然后把由主题所引发的各种想法或联想写在其余的8个格内，从多维度进行思考。

（6）检核表法（checklist method）。检核表法是指在考虑某一个问题时，先制作一览表，对所有检核项逐一进行检查，以免有所遗漏。这种方法可用来训练思维的周密性，创想出新的意念。

（7）七何检讨法（5W2H检讨法）。5W：凡事问为何（why）、何事（what）、何人（who）、何时（when）、何地（where）；2H：如何（how）、何价（how much）。这种方法用来提示讨论者从不同的层面去思考和解决问题。

（8）目录法。目录法即"强制关联法"，指在考虑解决某一个问题时，一边翻阅资料性的目录，一边强迫性地把在眼前出现的信息和正在思考的主题联系起来，从中得到构想。

2. 创新基本过程

要得到一个有价值的创新成果，需要经过艰辛的努力，还需要研究创新过程，分析创新的规律。一般来说，创新基本过程包括4个阶段：

（1）发现问题。这个阶段就是通过调查、观察、分析，发现需要解决的问题。这些问题可以是技术、管理、制度等方面的，可以是一个不起眼的具体问题，也可以是宏观性的问题。问题导向是创新的起点。

（2）分析产生问题的原因。这个过程需要细致观察、逻辑推理、不断检验，直到找出真正的原因。

（3）提出创造性的解决方案。运用技术、经济、人文等理论和方法，提出若干解决方案，从中选出可行的方案。这个过程最漫长，往往会遭遇多次失败。

（4）把创新成果落到实处。这个阶段需要识别关键问题，整合资源，制订计划，让方案成为现实。

以上是创新的基本过程。具体到某种创新,需要把这些过程分解成更加具体的环节,然后一步步实现创新目标。

1.3 创新思维

1.3.1 什么是创新思维

创新思维是指以新颖独创的方法解决问题的思维方式,这种思维方式能突破常规思维的界限,以超常规甚至反常规的方法、视角去思考问题,提出与众不同的解决方案,从而产生新颖的、独到的、有社会意义的思维成果。

创新思维的本质在于用新的角度、新的思考方法来解决现有的问题。我们看任何问题,都是从一定的角度出发。比如图 1-2 中左侧的积木,从不同的角度看,是不同的形状。

现实中的例子也很多,比如下雨导致路滑、没有阳光,人们通常认为下雨不好,但雨水能浇灌庄稼,有利于农业生产,从另一个角度看又是好事情。

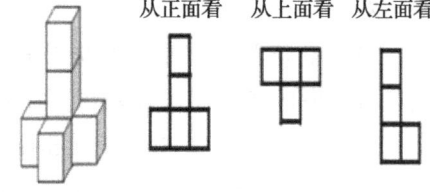

图 1-2　不同视角看积木

我们要创新,就需要从和别人不一样的角度看事物,用不一样的思维方式,发现不一样的问题,提出与众不同的解决方法。比如树上的苹果掉下来时,一般人习以为常,但牛顿产生了疑问:为什么苹果往地上掉而不是向天上飞?深入思考这个问题并做实验后,牛顿最终发现了万有引力定律。

又如,司马懿率领的魏国大军兵临城下,蜀国城内兵力空虚,根本无法抵抗。为此,诸葛亮利用司马懿多疑的性格特点,上演了一出"空城计",大开城门,吓得司马懿赶紧退兵。这是战争中创新思维的例子。

犹太人的创新能力是有目共睹的,其五大创新思维值得借鉴。

犹太人的五大创新思维
1. 知识是创新的源泉
2. 超前意识带来伟大创新
3. 把小聪明变成大智慧
4. 转换思维,这头不通换那头
5. 善于出奇制胜

和创新思维对应的,是因循守旧。因循守旧的人,脑子里都是过时的条条框框,思维方式呆板,喜欢人云亦云,缺乏创新性。这是我们需要努力避免的。

创新思维有四大特征:一是独创性,思维不受传统习惯的禁锢;二是求异性,标新立异;三是联想性,遇到一种场景,立即能产生深度联想,善于从正反两个方面思考,举一反三;四是灵活性,突破思维的定式,结合当时情况随机应变。

1.3.2 如何训练创新思维

人的思维方式，并不是天生的，是可以通过训练改变的。要提高自己的创新思维能力，可以从以下几个方面进行训练。

1. 提问

好奇心是科学家最突出的特征，创新也不例外。遇到事情，打破砂锅问到底，往往能发现问题、启发思考，是训练创新思维的第一步。犹太人有个很好的习惯，就是在小孩放学以后，妈妈经常会问他：今天你向老师问了什么问题？犹太人通过这种方式来训练小孩的创新思维。中国人性格比较腼腆，大多不好意思在大庭广众下提问，这限制了创新思维的发展。所以第一步是要大胆提问。

曾经有一个电视娱乐节目，很有助于训练思维，比如其中一个问题是：你面前有一把椅子，为什么不坐？请找出10个以上的理由。你试试看能不能找出10个以上的理由！

2. 质疑

对于任何事情，不要认为都是理所当然的，要提出自己的质疑。比如新房装修，一般家庭的客厅都要做电视墙、摆上沙发，我们可以提出质疑：有那个必要吗？以前大家都穷，家里有电视一定要放在最显眼的地方，要让喜欢串门的亲戚有地方坐。现在很多家庭大都不看电视了，亲戚也不怎么喜欢串门了，客厅的电视墙、沙发就成了摆设，不如把客厅做成书房和学习空间，或放上保健按摩椅。

3. 叛逆

叛逆就是逆向思维，换一个角度看问题，这正是创新思维的特征。比如一般的雨伞，开口都是向伞柄（向内）的。有人就要反过来，把雨伞做成开口向外，很适合开车的人使用。还有故意磨坏的破洞裤、两条腿不一样长的阴阳裤、颜色不一样的鸳鸯鞋等，都有叛逆的成分，在市场上也很受欢迎。

4. 妙想

妙想就是一些奇妙的想法，比如能飞的汽车、时空穿梭机等。小时候听大人讲故事，说人在身上涂上一种"排重油"，就可以把身上的重量排除掉，变得没有重量，想飞就飞。诸如此类的奇思妙想，虽然有些现在还不能实现，但随着科技的进步，也许有一天真的能成为现实。

5. 博闻

仅有好奇心、质疑、叛逆、妙想，还是不够的，因为如果缺乏相关的知识、经验，认知能力不足，还是不能有效地进行创新思维。因此，我们需要博闻，广泛阅读各种科技、人文等书籍，尤其是名著，阅读流行杂志，进入社会开展实践，和很多不同背景的人交流。这样在遇到新问题时，我们大脑的知识库中就会有很多的奇思妙想闪现，迸发出与众不同的金点子。

1.4 从创意、创新到创业

1.4.1 三创的逻辑

创意、创新、创业组成"三创",这三者都有"创"字,但也各有侧重。创意侧重于创造一种事物,如思想、方法、产品、服务等;创新强调创造的过程;创业侧重于把一种产品或服务转化为成功的商业活动。三者之间的关系如图1-3所示。

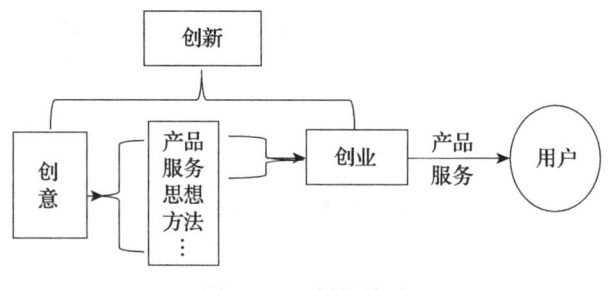

图1-3　三创的关系

从图1-3可以看出,创意创造出了多种事物,只有产品和服务进入创业;创业者将产品和服务创意成果通过一系列商业活动(如研发、采购、生产、营销、物流等)转化为商品化的产品和服务,提供给用户,实现商业价值。而在创意、创业的过程中,创新提供思维方法的指导,加速创造过程,提升创意和创业的水平、价值。

有些创意成果,不能或不适合进入创业;创新指导的,也远远不限于创意和创业。而创业的来源,唯有创意,没有好的创意,创业就成了无源之水。

1.4.2 为创业做好准备

创意、创新、创业是紧密联系的。创新是创意、创业的源泉,没有创新,就不可能创造出与众不同、价值巨大的创意,创业也就失去了对象。

因此,我们在创业之前,需要做好充分的准备,具体如下:

(1)树立创意的意识。创意是最有价值的事情,好的创意,能形成新的产业,为个人、公司和社会带来巨大价值。因此,我们要学会观察社会、观察身边的人和事,从中发现不足、发现商机,运用自己的智慧创造出伟大的思想、方法、产品或服务项目。

(2)提高创新思维。在创意、创业的每个环节,都需要创新思维。这要求我们保持好奇心,时时用批判的眼光观察世界,抛弃陈规陋习和固有思维,天马行空地构想。伟大来自于与众不同。

(3)学会创新、创意的基本方法。在创新、创意过程中,前人总结了很多行之有效的方法。学会这些方法,可以让我们快速进入创新、创意的轨道,事半功倍,提高创造的质量并创造出更多的成果。

(4)满怀信心创业。具备良好的创新、创意基础,我们分析社会现象、发现问题、解决问题的能力就可以得到很大的提升。眼界高了、能力强了，不论是就业还是创业，成功的可能性就更大。如果选择创业，我们就可以满怀信心，踏上征程，迎接各种未知的挑战。

1.5 本书内容与目标

本书从创意、创新开始，落脚点是创业。大多数创业者，尤其是大学生创业者，会面临三个主要问题：知识不足、能力不足、缺乏经验。很多创业者没有创业经验，甚至没有工作经验，对于创业很盲目。虽然网上也有很多创业的知识，但大多是碎片化的。如何帮助创业者增加知识、获得经验，进而提升能力，是本课程追求的目标。

本课程就是按照创业者从产品创意到开办公司所经历的过程设计的，从创意到调查，再到设计，最后到把项目落地，详细地讲解每个过程中的任务、面临的问题，运用图表等可操作的工具，让创业者自己动手，一步步进行训练，从而掌握创业所需要的各种知识，全面提升创业者的能力。

本课程内容分成10章。第1章是导论，介绍创意、创新思维及其与创业的关系，为创业打下基础。第2章是创业概述，介绍创业是怎么回事，需要注意哪些问题，什么样的人适合创业等。第3章是产品与服务创意，介绍如何发现商业机会，并进行产品或服务创意。第4章是外部调查，介绍同类产品、市场、行业和用户四个方面的调查。第5章是产品开发，介绍产品整体概念、如何对产品进行定位并实施开发。第6章是商业模式与营销规划。第7章是运营系统设计，也就是有形产品的生产系统设计和无形产品的服务业运营系统设计。第8章是创业团队与股权设计。第9章是项目评估与融资，包括销售预测、财务核算、投资评估、融资规划等。第10章是创业项目实施，包括商业计划书编制、创业大赛和创业公司建立。虽然这些内容涵盖了创业的主要方面，但是由于水平所限，难免有遗漏，老师和同学们不需要受本书限制。

本书的主要定位是作为大学生创新创业课程的教材。和别的课程目标可能不一样，本课程是一种实践性的课程，需要学习者组成团队，准备一个具体的创业项目，带着问题进行团队学习。如果你已经有创业项目了，非常好，就把你的创业项目在学习过程中完整实训一遍，让你的项目更加完善；如果还没有创业项目，也不要紧，第一讲学完之后，你回去马上准备，最好是团队一起准备，和几个伙伴一起构思你的想法，然后提出一个初步的项目，再学习这门课程。结合课程学习，能够让你的项目更加完善，大大提高创业的成功率。即使不是真的创业，也可以让你的能力得到很大提升。

本书后面的每一节或每一章结束时，有创业实训的任务。因为只有自己动手做，你才能提升能力。最后课程结束时，需要提交高质量的创业项目商业计划书，这是这门课程希望最后能达到的效果。同学们能够掌握商业计划书的写作技能，可以通过商业计划书到市场上融资，本课程的目的就达到了。

第 2 章
CHAPTER 2

创业概述

2.1 产品创业故事

本节介绍一个极富地方特色的产品——贯蛋酒的创业故事,看看大家从这个故事中能得到哪些创业启示。

2.1.1 故事情节

故事的主人翁张先生,出生在书画之乡——安徽亳州,从小就喜欢写写画画,水平也不错,大学自然而然就上了工艺美术专业。在大学期间,张先生学习非常认真,积极参与各种设计活动,其中有一个比较有名的,就是设计徽商集团的标志。由于他在学校成绩不错,作品很多,毕业之后很好找工作,去了一家国企。但是半年之后他就辞职了,因为他认为国企的工作环境不太适合自己。他只身一人到深圳一家广告公司里做设计师,几年之后,就在深圳开了一家策划创意的设计公司,主要业务是为国内的酒厂和食品厂做包装的创意设计,其设计的包装作品屡屡获奖。公司的服务对象包括五粮液、古井等很多著名厂商。后来他又跟朋友合伙开了一个彩印包装厂,承担包装的策划、设计、制作工作,这样业务越做越大,效益也很好。

2010年之后,由于我国进口了很多彩印设备,造成产能过剩,同时电子阅读大量增加,纸质出版物大幅度减少,全国的彩印行业市场饱和,公司业务量大幅度减少,经营越来越难。张先生看这样做下去不行,就把公司股份卖给了别人,自己离开深圳,回到家乡谋求发展。

1. 产品创意

刚回安徽时,张先生并不清楚要做什么事情,他就到中国科学技术大学读EMBA。在参加同学或朋友的聚会时,他观察到一个现象:安徽人吃饭之前或吃饭之后喜欢打牌，玩一种叫"掼蛋"的游戏。民间有一种说法叫"饭前不掼蛋，等于没吃饭，饭后不掼蛋，等于白吃饭"，这种现象非常盛行。他进一步了解到在江苏这种风气更盛，浙江和上海部分地方也有这种现象。把打牌、喝酒这两件事联系起来，他就想：能不能做一个创意，设计一种"掼蛋酒"，销售给喜欢打牌、喝酒的客户？这是他的基本想法。

2. 产品设计

有了想法之后，张先生就开始进行构思设计。因为他是做美工设计出身的，首先，他给产品起了个名字叫"贯蛋"酒，大家注意，是贯穿的"贯"，没有提手旁。为什么这样设计？因为要让别人对产品有可以品头论足的地方，不能完美。

图 2-1　贯蛋酒造型

其次，设计酒瓶，采用"蛋"的椭圆形，颜色是金色，金灿灿的，看上去就让人很喜欢。小酒瓶很可爱，外观很大气，喜气洋洋（见图2-1）。在产品推出之后，新颖别致的外形迅速引发了人们的关注，成为贯蛋酒在当地大获成功的重要推手。

最后，设计礼盒包装，每盒四小瓶，每瓶三两（150克），外加两副扑克牌（见图2-2）。这里面体现了两个逆向思维：一是礼盒横放，因为很多酒都是竖起来放的，他故意把盒子横着放；二是分量充足，一盒有一斤二两，相比较市场上很多八两、九两装的，贯蛋酒的分量大，这样会在消费者心目中形成真材实料的印象，比那些克斤扣两的产品好。

图 2-2　贯蛋酒外包装

张先生非常注重每个细节，比如酒瓶是陶瓷的，上面的盖子是塑料的，陶瓷的酒瓶是四川生产的，塑料盖子是浙江生产的。为了让这两者能够非常密切地配合、颜色非常一致，张先生做了很多次模具，投入了大量的资金。这样精益求精的思想，才能让产品达到非常好的效果。产品设计好之后，张先生将产品定位为中档，中等价格，适应普通聚会的需要，这样就将消费群体最大化了。

3. 生产运营

如何生产贯蛋酒？如果自己生产，需要建厂房、买设备、招工人，投资很大、周期长，更关键的是自己没有生产技术，因此张先生决定全部外包，委托国内知名企业做酒瓶、瓶盖、包装盒、扑克牌，然后找国内著名的白酒企业合作 OEM，让对方帮助生产白酒并完成包装。总结起来，张先生在四川生产瓶体，在浙江生产瓶盖，在江苏生产扑克牌，在广东做外包装，然后这些包装材料一起汇集到安徽古井，灌装成贯蛋酒，完成最后的全部工序。

4. 物流

在物流方面，对于大客户，张先生直接从古井酒厂发货；对于普通客户，张先生发货到合肥的仓库。在合肥仓库里，别人租仓库是每平方米 10 元，张先生却提出要多出一倍的价格，多出的 10 元用于让仓库帮忙发货，这样就不需要专人负责物流了。网上拿到订单之后，张先生就让仓库直接发货，整个运行过程就很顺利地转起来了。

贯蛋酒的运营流程可以归纳为图 2-3。

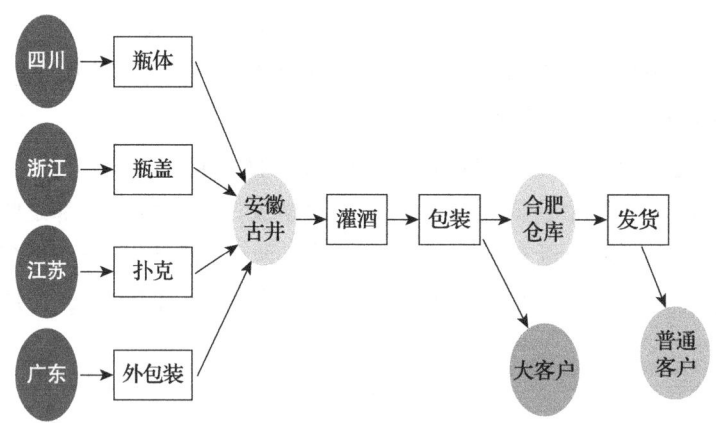

图 2-3　贯蛋酒运营流程

5. 营销

营销方式只采用互联网营销，通过微信宣传，建立掼蛋社群，叫"蛋粉"，据说有几百个这种社群；开发掼蛋的手机 App 游戏；赞助各种线下的掼蛋娱乐活动，当地的企事业单位组织比赛，张先生都会积极赞助；赞助各种大型聚会，快速宣传推广。除此以外，公司还发展代理商，线上线下同步销售，但是不在电视、报纸这些传统媒体上做广告，完全是通过互联网的方式。

6. 经营成果

经营成果非常显著，2015 年春节期间，贯蛋酒就卖掉几十万箱，产品供不应求。在 2015 年全国糖酒展销会上，贯蛋酒荣获"中国酒业青春时尚品类榜样"称号，得到了业界高度赞誉。中国的白酒市场竞争是非常激烈的，川酒和皖酒等诸多大品牌长期雄踞市场前列，在这种情况下，贯蛋酒能够获得这样高的荣誉，是非常不容易的。有媒体总结：小金蛋玩转大市场，古井贯蛋酒震惊中国高端白酒行业。

2.1.2 贯蛋酒的启示

贯蛋酒的成长历程,是一个典型的从发现市场、识别商业机会、产品创意、产品设计、产品生产到营销的完整过程。如果准备创业,你从中可以得到很多启示。

第一,产品定位。从运营角度来看,贯蛋酒是单一产品,聚焦打造爆品,没有刻意追求推出过多的系列产品。这给我们的启示是:创业初期,不要贪大贪多,应聚焦于把一个单品做好、做成爆款,因此挖掘产品的独特性是非常重要的。

第二,生产过程全部外包。外包可以实现轻资产,运作无风险,采用备货生产的方式,利用大企业的规范生产,保证产品质量。有古井这样的品牌做背书,可以大大增加消费者的信任度。

第三,创意营销。主要措施就是通过文化创意场景营销、娱乐营销、精准传播、社群营销、线上线下融合,让消费者在快乐中下单,贯蛋酒实现了良好的销售业绩。

思考与练习

1. 总结贯蛋酒的成功创业有哪些经验值得借鉴?
2. 与张先生相比,你觉得自己存在哪些不足?
3. 如果你是做产品创业,请按照产品创意、设计、生产、营销的思路,初步写出项目创业思路。这些思考希望大家能用文字记录下来,记载自己不断提升、进步的脚步。

2.2 理发店的创业故事

本节介绍一个服务项目——理发店的创业故事。

20世纪70年代,美国连锁业快速发展,沃尔玛、麦当劳、肯德基等均开了很多连锁店。一对以色列夫妇(丹尼斯·拉特纳和安·拉特纳)观察到这种现象,就想能不能把连锁经营的理念用于理发业。因为丹尼斯是做理发的,所以就有了开连锁理发店的想法。

有这个想法之后,丹尼斯就分析,传统的理发店有什么不足的地方?首先,传统理发店辐射范围小,只能为周边的顾客提供服务。其次,服务个性化程度非常高,是完全根据顾客需求定制的。顾客到店里来了,先要跟理发师讨论自己适合什么样的发型,或者顾客有个想法,理发师提供参考意见。再次,人工成本高,熟练的理发师对薪水有着较高的要求,人工成本比一般的体力工作者要高出很多。最后,运营成本高,理发店管理人员往往并不从事具体的工作,但是也会产生一定的成本。

因此丹尼斯就想,能不能用连锁经营的思路,创立一个连锁理发店?

理发店取名 Hair Cuttery。服务业面临的问题和制造业(产品)不同,主要有如何选址、如何提供服务等问题。

第一,在选址上,Hair Cuttery 的策略是"傍大牌",把理发店开在城镇购物中心

(shopping mall)。为什么要这样设计？理发店的顾客流量非常重要，因此 Hair Cuttery 选择在顾客流量大的购物中心里开设。大家知道，美国的若干个城市之间，在公路交汇点附近通常会有一个购物中心，这样的地方有很多店铺，如沃尔玛、塔吉特、麦当劳、肯德基等。在购物中心里面，Hair Cuttery 把店址选在面包店旁边。美国家家户户都要买面包，面包店是顾客必须要去的地方。依靠购物中心、临近面包店，这让 Hair Cuttery 不用花钱就获得源源不断的顾客流量，极大提升了顾客光顾理发店的概率。

第二，Hair Cuttery 采用服务标准化。大家知道，世界上的发型有千千万万种，如果任由顾客选择，必然对理发师要求非常高，理发师的工资就会比较高。因此，Hair Cuttery 就减少发型的类型，只提供二十多种标准发型，供顾客选择（女士、男士各十几种）。这样让理发师比较容易掌握这些发型的操作方法，对理发师的要求就没那么高了。这也是麦当劳所采用的品类策略。

为了进一步降低理发的难度，Hair Cuttery 特制了能够套在理发推子上的模具，控制头发长度。模具一共有七个挡，一挡是最短的，七挡是最长的，可以根据顾客的需要灵活调整，效率很高，对理发师的要求也不高。

第三，开设培训学校。如果要开连锁理发店，就需要很多的理发师，这些理发师如果从外部招聘，一是成本很高，二是不一定擅长这二十多种发型。因此 Hair Cuttery 就专门开了个培训学校，培训后备的理发师。所有的理发师上岗之前，都必须到培训学校接受培训，合格之后才能上岗，这样才能保证理发师的技术和服务质量。另外，培训是收费的，本身也是一个赚钱的项目。

第四，采用标准化管理。不设专职店长，每个门店只有理发师，指定其中一人兼店长，这样每月只需增加一些补贴，比专职店长的费用要低得多。理发店里面打扫卫生、清洁这些事情，都让理发师来兼做。因此在 Hair Cuttery 理发店里，人人创造价值，没有一个闲人。Hair Cuttery 还应用了信息系统，用计算机进行联网收费，管理透明。通过计算机联网，总部的相关部门从后台就能看到每个连锁店的经营状况、每个理发师的表现。经过分析之后，Hair Cuttery 可以对理发师提出针对性的改进建议，而且奖惩、考核等都非常方便。

第五，建立标准薪酬与奖励体系。对每个理发师设定基本工作量，低于基本工作量的，收入分成比较低，就是五五分成。如果是超出基本工作量的，增加理发师的分成比例至 7:3，公司只拿 30%。对于出售护理液等高附加值产品，给予更高的奖励。在 Hair Cuttery，每个人都很清楚自己的收入，为自己工作，多一分努力多一分回报，这样人员管理就非常简单了。在很多企业中，部门经理要指挥员工做事，上级推动下级做事情，往往很困难。但是在 Hair Cuttery 理发店，不需要任何人指挥你做什么事情，大家知道自己应该怎么做，因为你的工作努力程度，跟回报是密切相关的。

Hair Cuttery 理发店在美国开了 900 多家连锁店，事业蒸蒸日上，取得了非常好的经营效果。

◆ **思考与练习**

1. 总结 Hair Cuttery 的创业，有哪些成功经验值得借鉴？
2. 服务型项目创业和产品型创业有哪些不同？

◆ **创业实训**

如果你是做服务创业，请参照 Hair Cuttery 的经验，初步写出你的项目创业思路。

2.3 创业者的特质

对创业者来说，创业的过程充满困难和挑战，需要付出汗水和智慧，更需要充满激情。面对困难和挑战，有某些特质的创业者，创业成功的可能性会增大。我们来看一下，成功的创业者身上都有哪些与众不同的特质？

2.3.1 创业者的共同点

世界上创业成功的例子非常多，让我们先看几个创业者的例子。

乔布斯创办了苹果公司，后来苹果公司成为世界上最伟大的公司之一。比尔·盖茨创办了微软，这个公司的软件几乎是我们每个人每天都要用的。20世纪90年代互联网大潮到来之前，张朝阳创立了搜狐；如今与人们的生活密切相关的淘宝、天猫、支付宝等，是阿里巴巴创业团队努力的成果；马化腾创立了腾讯，QQ聊天工具、微信都是马化腾及其创业团队为社会的即时通信所做出的贡献；丁磊创立了网易，网易成为我们国家最早提供互联网服务的公司。此外，顺德的王卫因为所在公司要经常往香港地区送样品，创立了顺丰速运公司，成为快递行业的翘楚；黄峥创办了拼多多——专卖廉价商品的网站，发展很快；最近两年抖音很火，它是张一鸣创办的，今日头条的创办人也是他。

现在，几乎每天都有新的创业者不断出现，不断有人成功。观察这些成功的创业者，他们到底跟其他人有什么不同的特质？

1. 创业者特质的困惑

通常情况下我们会用一些指标来衡量成功的创业者，希望找到成功的要素，比如学历、性格、经验、家庭背景等，结果发现：规律性不强。

学历方面，有高学历博士、硕士创业成功的例子，也有很多低学历草根创业成功的例子。有的人可能是初中毕业、高中毕业就创业成功了，比如红星美凯龙的总裁车建新。

性格方面，是不是外向性格更容易成功，内向性格不容易成功？也不是，很多的创业者其实是性格比较内向的。

经验方面，通常我们认为，有经验创业似乎更容易成功。但是乔布斯在大学阶段就辍学开始创业了，比尔·盖茨也是在大学期间创业的，他们并没有经验，照样取得了成功，这说明经验并不是成功的必要条件。

家庭背景方面，家庭条件本身就很好的创业者，是不是更容易成功呢？也不是，现在活跃的很多成功企业家，比如王卫，就是草根出身。

此外，还有区域方面，创业者无论来自城市还是农村，无论发达还是贫困，同样都有成功的例子，因此也没有规律可循。

以上事例说明，任何人创业，都有成功的可能。不要被某些因素限制了自己的手脚。

但是，国外研究表明，成功人士（不一定是商业成功）都有一定的共同特质：有明确的人生目标。从小就有目标指引，人生就不会迷航！所以大家在创业之前，要想想自己的人生目标是什么。

2. 创业者的三项基本特质

什么样的人适合创业？这是一个有必要进行深入研究的问题。综合多位专家的观点，本书认为创业者需要具备三项基本特质：

第一，追求成功的勇气。创业者面临复杂多变的竞争环境，前进的道路上困难重重，需要有不畏困难、坚韧不拔、一往无前的精神，以及不断追求成功的勇气。如果畏惧困难、甘于平庸，是不适合创业的。

第二，团队合作精神与领导者的气质。创业不是特立独行，需要有良好的团队，需要与供应商、销售商和其他合作伙伴协作。作为创业带头人，需要带领团队一起创业，因此团队合作精神与领导力是非常重要的。

第三，高情商。很多研究表明，商业成功20%取决于智商，80%取决于情商。情商的核心，就是关注他人，站在别人的角度思考问题，这样创业过程中才容易和客户沟通并达成一致。情商高低是决定商业成功与否的关键因素，创业过程中更需要情商。

3. 情商就是关注他人

关于情商，有各种各样的官方解释，本书认为：情商就是关注他人。

- 关注客户：分析消费者行为，想客户所想。
- 关注合作伙伴：与供应商、经销商实现合作共赢。
- 关注员工：让员工得到尊重、关爱，帮助员工实现梦想。

所谓关注他人，就是不要以自己为中心，而要以他人为中心。他人是谁？是客户，是合作伙伴，是员工。

第一，关注客户：分析消费者行为，想客户所想，站在客户的立场上分析你的产品或服务是不是对他有价值。只有为客户创造价值的产品，客户才乐意接受，创业者的事业才能成功。

第二，关注合作伙伴：包括企业的供应商、经销商，还有服务商等，要实现合作共赢。做生意总是想多赚一点，因此人们往往想各种各样的办法让对方同意自己的观点，让自己多赚钱，这种观点其实是有问题的。比如中美贸易战中，特朗普政府采用各种手段来逼迫中国企业按照他的思路来，这不是合作共赢的做法，而是把自己的利益放在首位，逼迫合作伙伴采取一些不利的策略，从长期来看，这也会损害自己的利益。

第三，关注员工：要让员工得到尊重，得到关爱。创业者要设身处地想员工有什么困难、有什么想法，真诚地帮助员工，这样员工就会把公司当成自己的家，全心全意为公司出力，从而帮助创业者实现梦想。

如果创业者关注他人，同客户、合作伙伴和员工之间的合作都很愉快，他们就会共同帮助创业者实现创业的梦想。

2.3.2 创业者的性格特点

除了以上共同特质外，创业者在性格方面有一些独特的特点。

第一，创业者往往敢于尝试新事物。成功的创业者中有很大一部分参与了新兴领域，或者采用了新的方法。阿里巴巴刚成立时，移动互联网、电子商务对大多数人来说还都只是一个概念，而正是创业团队敢于进入新兴领域才使得企业占据了先发优势。创业者也许从骨子里就是敢想敢干，也就是常说的敢于第一个吃螃蟹的人。

第二，创业者有坚定的志向，目标清晰。创业要有坚定的目标作为指导才有可能成功。因此，作为一个创业者，同样必须拥有坚定的志向，如果注意力不够集中，往往会使资源过于分散，今天想从事这个行业，明天就换一个行业，最终在反复摇摆中，失去了方向，一事无成。

第三，创业者大都善于学习。工作需要专才，创业需要全才，因为在创业的过程中，会接触到很多非自己专业的事情，而一个人无法掌握那么多知识，就必须不断地学习，这样才能统筹大局，协调发展。像李嘉诚这样的成功企业家，每天都会花很多时间来学习，每天进步一点点，就能使创业者成为某个领域的杰出人才。

第四，创业者往往敢于承担责任。创业决策、团队建设等进行的过程中，常常会产生一些问题，愿意去积极地解决问题，愿意承担责任，敢于承担责任，创业者就能够发挥影响力，展现领导者的魅力。

第五，创业者善于组建团队。组建团队，首先需要一双善于发现别人长处的眼睛，认识到别人的才能，发挥别人的才能，共同创业。有才能的人往往也会有些缺点，需要有一颗包容的心，让他们愿意和你一起坚定地走下去。

第六，创业者从来不害怕失败。即使失败了999次，他也会在第1 000次的时候重新再来，这是创业者所有品质中最重要的一点。创业者永远相信，只要生命还在就有成功的那一天，就还有成功的希望。褚时健一生起起落落，他在70多岁时，仍然选择创业，仅仅这一点就已经足够说明一切。失败并不可怕，可怕的是丧失斗志，不敢从头再来。

2.3.3　了解自己是否适合创业

什么样的人适合创业？专家们对此看法不一。以下列出几种具有代表性的观点，供大家参考。

1. 创业者需要具备的 10 种能力

李开复曾提出创业者需要具备 10 种能力：

- 强烈的欲望：是指干事业的欲望要强烈。如果一个人的欲望不强烈，做什么事情都无所谓，那创业会很艰难。
- 超乎想象的忍耐力：很多时候创业者要忍耐，尤其是处在困境的时候，忍耐是非常重要的。
- 开阔的眼界：创业者要有从多个角度看问题的能力，这种能力取决于创业者的知识面、人际交往水平、观察力。
- 善于把握趋势又通人情事理：指的是顺应潮流，看到未来发展的方向，顺势而为，能事事为别人考虑。
- 商业敏感性：善于发现哪里有商业机会、哪里有风险。
- 人脉：是指各种各样的人际资源，如同学资源、职业资源、朋友资源，这些都需要创业者在平时不断积累。
- 谋略：是指做事情要有长远计划，懂得不同时期采用不同策略。
- 胆量：是指迎难而上的魄力，即使有时事情并不明朗，也要大胆决策，竞争中往往勇者胜。
- 与他人分享的愿望：是指不吃独食，对于利益、信息，懂得与同事、朋友、客户分享。
- 自我反省的能力：这一点很重要。因为创业者在创业的过程中，难免犯错误，犯错不要紧，只要能自我反省，找到导致错误的原因并迅速纠正，就可以回到正确的轨道上来。

2. 成功创业者应该具备的 10 种性格特点

有专家总结成功创业者的 10 种性格特点如下：

- 坚韧不拔、持之以恒：因为很多事情不是一两天、一两个月就能看到效果，有些创业项目甚至要经过很多年才能成功，这意味着坚持、坚韧很重要。
- 有信心、自我肯定：创业者要对自己的创意、创业项目保持信心，进行自我肯定，以激励自己全力投入创业过程中。
- 乐观、积极向上：创业过程中难免会遇到各种阻碍，或来自市场饱和，或来自竞争对手的打压，创业者要保持乐观、积极向上的心态，直面遇到的各种挑战。
- 富于冒险精神：有时候，创业者对某个项目就算并没有太大把握，但敢于去做就意味着在创业成功的路上迈出了坚实的一步。

- 诚实守信：这是经商的基本规则，尤其对于初创企业的创业者而言，更要坚持遵守这一规则。
- 吃苦耐劳。
- 善良正直、谦虚好学。
- 自主、自律、自立、自强。
- 勤俭、热爱公益事业、怀有一颗感恩的心。
- 不安于现状。

具有上述 10 种性格特点的人，创业成功的可能性要更高一些。

3. 不适合创业的人

创业，是一项有着较高的风险的活动，有适合创业的人，就有不适合的。那么，什么样的人不适合创业呢？不适合创业的人主要有以下 9 个特征：

- 缺少职业意识。
- 优越感过强。
- 唯上是从，只会说"是"。
- 懒惰。
- 片面和傲慢。
- 僵化死板。
- 感情用事的人。
- 不喜欢艰苦的工作。
- 觉得自己很享受。

缺少职业意识的人，做事情不愿承担责任，马马虎虎。这种人在单位上班都有问题，出来创业更有问题。优越感过强的人，认为自己什么都好，比别人强，听不得别人的意见，这样的人也不适合创业。唯上是从，只会说"是"的人，习惯了看上级眼色，而自己创业的时候要领导别人，光看别人的眼色是不行的。懒惰的人、片面和傲慢的人、僵化死板的人、感情用事的人、不喜欢艰苦的工作的人、觉得自己很享受的人，也都不太适合创业，所以不要贸然去创业。

有的人看别人创业成功了，自己就也要开始创业，但是在考虑创业之前，最好看看你的性格中是否有上述几种缺陷，如果这些缺陷没有得到改善，则关于创业，请务必要慎重。

思考与练习

1. 创业者有哪些共同点？
2. 创业者的情商表现在哪些方面？

创业实训

1. 对照本节内容检查，你的哪些能力适合创业？
2. 你符合创业者的哪几项性格特点？
3. 哪些问题会阻碍你创业成功？你准备如何改正？

2.3.4 创业者需要的知识和能力

创业就是在社会上做一项业务、办一个企业，这需要一定的知识和能力。不难想象，什么都不懂、不会做的人，创业很难成功。当然，也不是这些都具备了才能开始创业，有一些不懂、不会的，经过学习可以补齐短板。针对上述八个部分，创业者需要掌握诸多的知识和能力。

1. 知识方面

第一，需要有一定的工程技术知识。你使用的任何一个产品或一项服务，在应用过程中都是跟技术相关的。如果对工程技术一点不了解，你不能理解产品的工作原理、生产过程，那就是外行。学文科的同学，需要自己找些工程技术方面的书看看，补充工程技术知识，通常，应该了解机械、电子基础知识。

第二，需要有市场营销和生产运营知识。营销是企业非常重要的工作，产品卖不掉，企业肯定办不下去。而生产运营，就是怎么把订单需要的产品生产出来并交付给顾客，这涉及采购、生产、库存、质量管理等知识，创业者也应该有一定的了解。

第三，需要有企业管理基础知识。包括：①财务知识，因为公司总是要盈利的，如果创业者一点财务知识都不懂，不计成本地投入，必然会得不到好的收益，赚不到钱。②人力资源管理知识，因为创业者要跟别人合作，而怎么招聘员工、怎么使用人才、怎么留住人才都属于人力资源知识范畴。③如果从更高层面讲，还有战略管理知识。创业不是一个短期的行为，而是一个长期的发展过程，因此要用战略性思维，着眼于未来。

一个人往往不能掌握上述所有知识（见表 2-1），这就需要创业者依靠团队的力量，弥补个人知识的不足。

表 2-1 创业者需要的知识

知识分类	简 介	如何获得
工程技术知识	机械、电子基础等知识	针对需要创业的项目，自己补充相关知识
市场营销与生产运营知识	如何卖东西和如何生产产品的知识	到商学院选修课程，学习 MOOC 课程，或者自学相关知识
企业管理基础知识	财务、人力资源管理、战略管理等知识	同上

2. 能力方面

什么是能力？能力是完成一项目标或任务所体现出来的综合素质。比如我们知道，站在三分线外投篮,能得三分,这是知识;站在三分线外能投中,才是能力。能力需要动手、动脑、参与。我们经常说,有些人有知识没能力,就是这个意思。

创业过程需要的能力可以分成四个方面,如表 2-2 所示。一是识别能力:识别商业机会,识别市场上的变化。识别能力是创业过程中非常重要的能力,能发现、识别商业机会,是老板和经理人的根本区别。二是沟通能力。创业者在产品创意、市场调查、产品设计、生产组织、销售等过程中,都要跟人沟通,因此在很大程度上,沟通能力是非常重要的一项能力。三是组织能力。虽然创业团队可以分工协作,但是组织者如果把各项事情安排给具体的个人,就要根据团队不同成员的特点,让他们做最擅长的事情,所以具备较强的组织能力显得非常重要。四是行动力,也就是随时开始行动的能力。有些人想得很多,天天纸上谈兵,但迟迟不肯行动,这样的创业,就会长期停滞不前。

表 2-2 创业者需要的能力

能力分类	简　介	如何获得
识别能力	发现哪些地方可能会出现商业机会,并把这种机会转换成创业项目	深入社会实际观察,思考;进行创新思维训练
沟通能力	善于把自己的想法和别人沟通,善于倾听别人的想法,说服团队成员一起合作	学习沟通技巧;参与各种社团活动,与各种不同的人沟通
组织能力	带领、组织他人一起实现目标的能力,包括目标宣示、计划制订、分工协作、督促检查的能力	通过组织具体的活动,使自己的组织能力得到提升
行动力	积极把想法转化为行动的能力	克服惰性,制订行动计划,并按时间执行

在创业过程中,主动性是非常重要的。我们以前做学生的时候,往往都是被动的,老师布置作业、安排考试,我们就去做作业和参加考试。到了自己创业的时候,没有人教我们应该做什么,这时候需要我们自己主动思考,看看有哪些事情要做,要有一往无前的精神,做好创业过程中大大小小的事情,才能保证我们的创业成功。

2.4 创业过程

我们大都想创业,那么创业应该从什么时候开始,到什么时候结束,进而转化为成熟的商业项目?我们先分析一下创业包含哪些活动,具体有哪些环节,这样我们就能随时了解自己的创业项目处于什么阶段,还有哪些路要走,从而在宏观上把握创业进程。

2.4.1 创业周期

1. 企业的生命周期

一般而言,创业需要以公司为载体,那么我们首先要了解企业的生命周期。通常情况下，公司的发展会经过四个阶段，分别是创业期、成长期、成熟期和衰退期。从图 2-4 可以看出，各个阶段的特点是不一样的。在创业期，用户比较少，销售额比较低。在成长期，公司高速发展，销售额快速增加。在销售规模发展到一定程度之后，公司就会进入发展的瓶颈，即进入成熟期，生命曲线就会变平。在衰退期，由于各种各样的原因，公司业绩下滑，有可能会破产，或被兼并、重组。

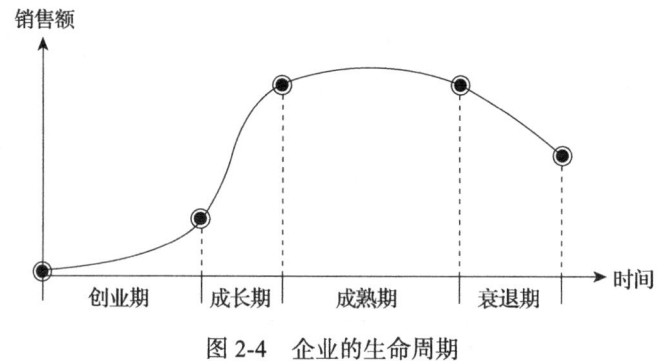

图 2-4　企业的生命周期

当然，管理层不会任由公司衰退，从成熟期甚至成长期，就会开拓新业务。这样，传统业务衰退了，新兴业务又出现了，公司继续保持成长而不会衰退。例如，百年老店、千年企业，就是在不断发展中存活、成长起来的。

2. 创业期的开始与结束

对于创业期的划分，不同专家学者有不同的观点。一个想创业的人，可能在决定真正实施创业前，已经掌握了很多相关的知识和技能，再开始尝试。创业期不是开始于创业者有创业的想法，只有他迈出了实质性的一步，这时才可以认为创业期开始。

创业期结束是什么时候呢？创业期结束应该有四个标志：一是注册了公司，产品已经在市场上销售，有基本稳定的业务。二是公司核心生产技术比较成熟，积累了一定的生产经验，产品品质比较稳定，具有一定的竞争力。三是公司的管理模式初步成型，从几个人的创业团队发展到有一个初步的管理系统，组织结构运营效率比较高。四是从财务报表来看，公司开始盈利，现金流入已经大于现金支出。具备这四个标志的企业，就算度过了创业期。

当然，公司进入成长期后，企业管理更多是对人财物与产供销等常规性的管理。发展到一定程度之后，有些公司还会进行二次创业。

2.4.2　创业八部曲

创业从早期的一个点子，到最后公司能够正常运行，需要经过一系列的过程。创业者首先要做的就是去发现市场，因为只有发现市场上有哪些没被满足的需求，你才会有一个"我做什么产品来满足这种市场需求"的点子。有了这个点子之后，创业者就要进行外部调查，看看别人是怎么做的，然后要设计产品。创意只是一个想法，需要通过设计，把产品做成一个实体；如果是服务产品，则要做成一套服务交付系统，然后要设计如何销售、如何生产，建设团队，进行项目评估，最后成立公司。

本书将创业过程总结成创业的八部曲（见图2-4），下面将对八个过程逐一做简单介绍。

1. 产品与服务创意

首先，创业者要善于发现创业机会，可以通过实际的观察，发现市场上未被满足的需求。市场上有需求，但是没有人提供相应的产品或服务。比如新开发的一个小区，很多居民没地方买早餐，那么在附近开家小店供应早点，可能就是一个好创意。另外，创业者还可以通过发现现有产品的不足来发现创业机会，虽然市场上有，但是产品本身存在很多不足。

其次，创业者要进行产品或服务的构思。创造一种什么样的产品或服务呢？比如，最开始的网上联系是通过发邮件，后来出现了BBS，相当于一个群聊社区，大家都能看见聊天信息，但这种方式不太方便，需要在电脑上操作，而且要在线才能看到。后来4名以色列青年开发了在线聊天工具ICQ，马化腾看到了机会，他意识到中国人也有需求，就创立了即时通信软件OICQ，后来取名QQ，用小企鹅做图标，立即风靡全国。产品与服务创意，是创造产品与服务的一个概念，即用什么样的产品与服务形式、在什么样场景中满足用户需求。这里所讲的创意，还只是一个点子、一个想法，有的好点子可以称为金点子。

2. 外部调查

经过产品与服务创意，创业者就会对自己要做的事情形成一个初步的概念，接下来就需要对外部的同类产品、市场、行业与消费者进行调查，即调查这个市场有多大、其他公司是怎么做的、消费者是否能够接受。

首先，要进行同类产品调查，看看市场上是否有同类产品，如果有，现有产品的功能、质量、价格、销量等怎么样？我们能否比现有产品做得更好？如果市场上没有，那么用户是否愿意接受我们的新产品？

其次，要进行市场调查，包括市场容量、市场分布、市场特征。比如我们前面讲的贯蛋酒，先调查我国酒类市场，或是说安徽、浙江、江苏三个省的酒类市场有多大；市场可以按白酒、红酒、啤酒等类别划分，每一类又分高端、中端、低端，分别调查大概有多大容量。接着调查市场分布，包括地理区域分布、人的性格特征分布、使用单位性质分布等，比如公司用、学校用、医院用、还是别的什么地方用的。通过市场分布调查情况来了解市场特征，能够为后期的明确市场定位和销售对象提供指导方向。

再次，要进行行业调查，了解同行是否有相同或类似的产品、他们是怎么做的，为我们以后参与行业竞争做准备。比如白酒，在生产方面，有的酒厂自己酿造，有的勾兑；在销售方面，有的酒厂建立自己的直销渠道，有的在各地发展经销商。

最后，需要进行消费者调查。消费者群体在哪里？消费者的期望是什么？消费者看到我们的产品之后会有什么反应？消费者以前有什么不满意的地方？我们的产品还有什么不足的地方？这些都是我们要进行调查的内容。

3. 产品开发

要想设计出市场上认可的产品，创业者首先需要了解产品的整体概念，设计产品的技术方案。对于服务产品，则需要进行服务包与服务蓝图设计。其次，创业者要进行产品定位，制订详细的产品研发计划。产品定位设计，就是借鉴他人的经验设计产品，综合市场、行业和用户的意见，清晰描述产品的定位。只有比别人做得更好，才能满足用户的需求，才能同市场上现有的产品进行竞争，这就是产品定位。定位功能包括卖点、价格、消费者心目中的地位等，只有合理的定位，才能把想法变成具备竞争力的产品或服务。

4. 商业模式与营销规划

创业者的产品有市场，质量比同行更好，那么用什么样的商业模式呢？传统的模式是产供销，这是最常用的模式，但这种模式往往有很多局限性，如占用资金比较大，消费者对价格比较敏感。能不能用别的模式呢？比如淘宝网创立之初的目的其实不是卖东西，而是为供需双方提供交易平台，有几百万商户在上面开店，每天有几亿人在淘宝网上买东西。依靠巨大流量衍生出的海量需求，淘宝最终攫取了巨大的利润。

创业者还要设计如何把产品卖给消费者，这就是营销规划。有人需要你的产品，但是中间需要有渠道。是直接给消费者打电话，还是通过代理商进行销售，用什么样的形式做广告、做促销等，这都是营销系统需要规划的问题。

5. 运营系统设计

运营系统设计，就是规划如何将产品生产出来。这里有四个决策：一是外购决策，哪些零部件自己生产，哪些外购；二是生产方式决策，是按订单生产还是为库存生产，是大批量、成批生产还是小批量生产；三是确定要采用什么技术、什么设备、什么样的生产线；四是要建信息系统平台，通过 IT 系统连接消费者，连接企业内部各部门。很多企业会建 ERP 系统，这都是运营系统要考虑的问题。

6. 创业团队与股权设计

创业团队的组成，包括研发、营销、生产、财务等方面的合伙人，这些人应该怀有共同的理想和目标，能力是互补的，不包括公司聘用的人员。创业初期股权设计应综合考虑股东人数、股权比例的确定、出资还是技术入股等多种因素。

7. 项目评估与融资

盈利，是创业的主要目的，所以要在财务核算的基础上，对项目投资进行评估。在进行财务核算之前，要预测销售额，测算成本，再预估利润。投资评估就是根据未来若干年的销售预测、成本、利润等，计算投资的回报。

创业者还要进行融资规划。融资规划，就是根据公司发展不同阶段的资金需求，设计融资计划，是债权融资（如银行贷款）还是股权融资（如 A 轮、B 轮、C 轮融资），保证公司发展的资金需求。创业过程中存在很多风险，如市场风险、技术风险、管理风险等，创业者需要保持警觉，了解风险在哪里，采取一定的措施规避、化解风险。

8. 创业项目实施

创业者在拥有创业的想法、经过调查、进行规划设计之后，常常需要对创业项目的各个环节做出一份计划安排，便于清晰了解创业目标，这就是商业计划书。商业计划书是寻找投资人获得资金支持、寻求合作伙伴的重要依据。

近年来，各种创业大赛很多，创业项目参加大赛，可以提高知名度、得到专家的指点，甚至能得到投资人的青睐，因此本书鼓励创业者参加。

上述工作完成之后，就可以建立公司，开始商业运营了。注册公司就是去工商、税务部门登记注册，让公司成为一个合法的经济组织。注册公司过程中，要确定哪些人是股东、谁做法定代表人、股权结构是什么、公司组织结构如何等。初期运营，就是让公司产、供、销运转起来。这个阶段公司规模还很小，很多规章制度缺乏，也是最容易出现问题的时候，创业团队要密切配合，保持高度的警惕，渡过公司初期运营的难关。

思考与练习

1. 企业的生命周期可以分为哪几个阶段？
2. 创业期开始与结束的标志是什么？
3. 结合自己的项目，简述创业的八部曲。
4. 你认为创业八部曲中哪一步最难，为什么？

创业实训

构思创业项目的雏形，在和团队成员讨论的基础上，用文字记录下来，内容见实训模板 2-1。项目设想作为创业者的初步思考，不需要写得很完美。写完之后，当然要把它保存起来，单独做一个电子文档，文档命名为"创业项目设想"。我们以后还会经常回过头来看这个文档，不断完善，争取令其成为可以实施的成功项目。

实训模板 2-1　创业项目设想

项目名称： 产品或服务描述： 销售/服务对象： 为客户解决什么问题： 如何研发：

```
如何生产：
如何销售：
预计会产生多少利润：
其他：
```

2.5 利用创业资源

对很多初次创业的创业者来说，创业会面临诸多的困难和挑战。因此，创业者需要积极发掘各种创业资源取得帮助，提高创业的成功率。本节首先梳理创业者可能面临的挑战，然后分别介绍可以利用的社会资源、互联网创业资源、创业大赛以及市场调查资源。创业者要善于利用这些资源，加速自己的创业进程。

2.5.1 创业者面临的挑战

在创业过程中，创业者面临着很多挑战，随时随地都需要克服困难。

一是技术，很多创业者对技术掌握未必全面，有些虽然掌握着关键的技术，但对工程方面可能不太了解。因此创业者在技术上需要得到外界的支持。

二是市场，创业者可能不清楚产品的市场在哪里。这需要有高人指点，需要有调查公司帮忙，需要获得类似产品的分析。

三是资金，大多创业者，创业启动资金不一定很充裕，有些大学生创业者，根本就没有多少资金，需要别人的支持。机构投资者、企业、个人投资者是创业资金的重要来源。

四是管理，创业者可能是管理外行，如搞技术设计的人员可能不懂管理，而企业经营离不开管理方面的人才。

五是原料，创业者初期面临着原料（或其他零部件、元器件）进货渠道的问题，缺乏采购渠道，不知道怎么买到价廉物美的原料。

2.5.2 社会创业基地

近年来，国家提出了"大众创业、万众创新"的号召，全社会都支持创业。政府支持创业，高校支持创业，社会上一些组织支持创业。市场上有很多孵化器、创业园、产业园，有各种各样的投资公司，这些都是创业的支持力量。创业者要善于利用，借助社会资源，让创业过程更加顺利。社会创业基地通常有孵化器、创业园和产业园三种。

1. 孵化器

孵化器是市政府或是社会机构开设的、专门为早期创业者提供服务的平台。孵化器提供多种服务，一般情况下会提供场地服务，很多时候租金便宜甚至免费；可以协助办理工商税务登记，办理知识产权登记；有政策资源，可以申请政府的奖励、补贴等；还有信息平台，提供创业所需的技术、市场人才等信息；提供资金支持，包括政府专项创业资金、投资公司资金等，不过由于初创期需要的资金少，投资往往也只有几十万到几百万元；还可以提供研发支持，比如有共享的中试基地、实验室、关键测试设备等。

孵化器支持早期的创业项目，有些项目甚至只是一个想法。孵化器往往提供空间给创业者，帮创业者策划、完善想法。创业早期的产品往往还处于孵化状态，并不能量产，因此创业者在最开始产品还没有成型时，可以找孵化器这样的机构。

2. 创业园

创业园支持已经可以产业化的创业项目。项目样机已经做出来，结果测试效果不错，可以开始建生产线投入市场，这是创业园能帮助创业者完成的事情。创业者的项目如果具备产业化条件，就可以离开孵化器，进入创业园。

有些创业园是按照产业集聚设计的，比如机器人创业园、环保创业园、集成电路创业园等。创业者可以选择和他们合作，先前的创业公司也有很多值得借鉴的地方，可以帮助创业者避免盲目性，创业者甚至可以与原有的创业公司合作，发现商机。

在研发过程中，仅仅靠小公司是做不出来好产品的，因此有些创业园就集中了某几类公司，比如合肥中国声谷创业园中，聚集了很多人工智能、电子产品的创业公司。这些产品都需要进行小试、中试，而小公司并没有能力建立测试装置，因此中国声谷就建了一个车间，专门帮这些公司做小试、中试，加速产品开发和产业化。

3. 产业园

公司度过创业期，就需要找产业园。产业园支持的是技术和产品已经成熟、需要更多场地和资金做大的项目。这时候，产业资本就会进入，投资额往往是几千万甚至几亿元。如果做得好，就可以上市向公众募集资金，创业成功的梦想就可以实现了。

2.5.3 互联网创业资源

互联网上有很多创业平台，如"创业邦""创业人联盟"等，这些平台上会发布很多创业信息，包括各种各样的产品、投资机构。创业者可以在上面找到同盟者，有什么问题可以在上面向别人请教，有人会提供很多指导，甚至可以对接资源。

2.5.4 创业大赛

1. 创业大赛的分类

创业大赛是由各级政府、行业、大学、企业组织的比赛。每年全国会有几千场创业大赛,有国家级的,有省级的,有地市级的,还有行业性的。创业大赛将创业者、专家以及投资人集中起来,对参加人员来说不仅仅是参加大赛获奖,更是一个好的交流机会。如果有机会参加创业大赛,创业者可以提升项目的知名度,获得专家和投资人的建议以改进项目,获得人脉资源。

2. 创业大赛的作用

第一,创业大赛可以提高项目的知名度,为创业者寻找市场合作伙伴、供应商、人才等提供了很好的渠道。

第二,在创业大赛中获奖,可以增加项目的美誉度,引起更多人的关注;有些大赛奖励现金或提供无息贷款,有助于创业者解决创业资金问题。

第三,在大赛中创业项目可以得到专家指点。创业者初次创业,项目设计得不一定很全面,但创业大赛中的专家有大学教授,有业界的精英,有专业投资人,他们非常专业,有非常好的建议,能够帮助创业者完善创业项目。

第四,创业者通过创业大赛可以获取项目投资。很多投资人会参与创业大赛,物色好的项目进行投资。

创业大赛是一个非常好的平台,创业者刚开始有些想法就可以参加。创业者在大赛中可以借助一些专家资源,可以请教技术专家帮忙解决技术问题,也可以请教行业专家,把握行业的发展方向,对接行业的资源;可以请教管理专家来设计商业模式,设计营销渠道,设计生产方式,也可以请教电商专家设计网上营销的方法;可以请教设计专家做产品性能和外观的设计,提高产品的品位,也可以请教投资人如何让项目更具有投资价值等。专家给出建议比创业者去摸索要快得多,而且更加专业。

2.5.5 市场调查资源

创业之前的市场调查非常重要,而调查需要花费大量的人力、财力。现在互联网非常发达,因此创业者可以利用互联网进行市场调查。网上有很多调查问卷可以参考,创业者可以通过设计问卷、发放问卷、数据分析等,了解消费者对产品的看法,开发适合消费者需求的产品。创业者通过网络发布问卷,可以在大范围内传播调查信息,让更多的人反馈信息,就可以更加全面地了解消费者的需求,了解市场的状况。做好市场调查能让创业者少走弯路。

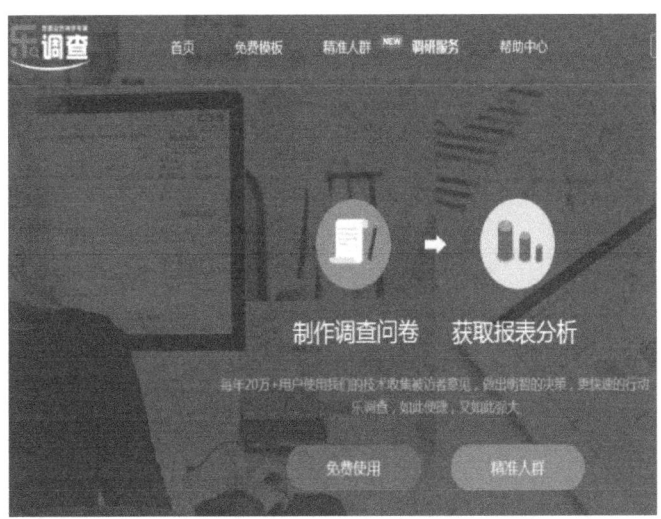

此外,网上已有很多别人已经做过的市场调查结果,可以供创业者借鉴。比如某产品市场调查、某项目消费者满意度调查等,创业者可以在网上搜索,分析、借鉴别人的成果。

▓ 思考与练习

1. 创业者面临哪些挑战?
2. 创业者可以利用哪些创业资源?

3. 创业者什么情况下选择孵化器、创业园和产业园?
4. 创业大赛对于创业者有哪些作用?

创业实训

列出你的创业项目可以利用的资源,尝试利用这些资源,并将结果整理成文。

第 3 章
CHAPTER 3

产品与服务创意

3.1 发现商业机会

商业机会,也称商机,从经济意义上讲一定是能由此产生利润的机会。发现商业机会,就是发现哪些地方存在市场空白,有赚钱的机会,可以创造一个商业项目。这是开始创业的前提。

3.1.1 发现商业机会的例子

| 案例 1 |

乔布斯与沃兹尼亚克的故事

乔布斯有一句名言:"活着就是为了改变世界。"这句名言激励着他自己,也激励了很多创业者。创业,就是为了让我们的产品或服务能够造福人类,同时为自己带来收益。

小时候,乔布斯就生活在著名的硅谷附近,邻居都是硅谷的元老——惠普公司的职员。在这些人的影响下,乔布斯从小就很迷恋电子学。19 岁那年,刚念大学一年级的乔布斯辍学成为雅达利电视游戏机公司的一名职员,后历经一番周折,做了一名工程师。

1976 年,乔布斯和沃兹尼亚克在旧金山威斯康星计算机产品展销会上发现了摩托罗拉公司出品的 6502 芯片,功能与英特尔公司的 8080 相差无几,但价格只要 20 美元,远低于英特尔的 270 美元。带着 6502 芯片,两个狂喜的年轻人回到乔布斯的车库,开始了他们伟大的创新。他们设计了一个电路板,将 6502 芯片和接口及其他一些部件安装在上面,通过接口将芯片与键盘、视频显示器连接在一起,仅仅几个星期，电脑就装好了！

于是，他们一起开始创业，创办了苹果公司，研发、生产、销售个人电脑，取得了很大的成功。今天，苹果公司仍是世界上最有价值的公司之一。

乔布斯和沃兹尼亚克的这个例子说明：发现商业机会，有时并不需要有很专业的知识；是否善于发现商业机会，是老板和经理人的区别。发现商业机会是创业者的第一要务。如果创业者不能发现好的商业机会，没有好的创业项目，想取得创业成功就无从谈起。因此，创业者要练就敏锐的眼睛，善于发现商业机会。

|案例2|

2 000元的一勺盐

故事的主人翁是浙江传化集团徐传化。传化集团的前身是生产液体皂的工厂。20世纪80年代末，浙江一带兴起了不少纺织印染厂，虽然生意红火，但存在一个问题：印染坯布上的油污很难去除，只能靠人工手洗，费时费力还损及布料。有一次，徐传化去谈客户，他发现，由于设备落后，布织出来以后很脏，上面都是油污。他看到女工用手搓、用珠片刮，忙得浑身是汗，但还是很难去掉油污。徐传化认识到这个问题在纺织厂中普遍存在，他开始思考：如果生产一种去油污的洗涤剂，还怕没有生意吗？于是他决定生产洗涤剂。按照配方，工厂生产出来的洗涤剂效果不错，但是黏稠度不够，不能彻底消除织物上的油污。他叮嘱儿子徐冠巨，一定要做出把布清洗干净的洗涤剂。

于是，徐传化四处拜访寻求解决方法，最终找到了一名技术员。这个人要价4 000元才肯告诉他解决方法。经过讨价还价，徐传化给了技术员2 000元。拿到钱以后，技术员告诉他，要增加黏稠度，就得加一勺氯化钠，也就是我们每天都吃的盐！

徐传化掌握这一方法后，开始大批量生产洗涤剂，产品一出来，销售就翻了一番。

这个例子告诉我们，知识就是财富，发现问题是找到商业机会的一个非常好的办法。

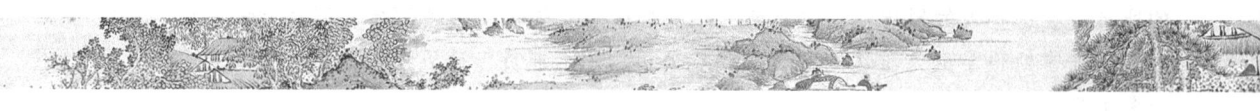

|案例3|

物流自动分拣

作者在学校长期研究物流，也经常参观各种物流公司。有一年作者带着学生参观快递公司，观察到一个现象：快递公司手工作业，有大量劳动力浪费，比如一个快递公司一天分拣10万件包裹，可能需要500～800人。

作者以前学过机械、计算机、电子等知识，于是就产生一个灵感：能不能建一个自动分拣系统，取代人工分拣？有了初步的想法之后，作者连夜写了一份两页纸的计划，描述分拣工作现场状况和面临的问题、自动分拣系统的工作原理。第二天，作者在 QQ 群里发出消息，很快就有很多人要求合作。作者选了一家以前做矿山自动化设备的校友企业，该企业有产品研发和生产所需的机械、电器、自动化、软件等方面的人才。大家一起进一步考察，发现全国的快递公司都是人工分拣的，如果进行自动化改造，每年有百亿级的需求。然后大家一起逐步完善自动分拣系统的开发计划，成功制作了实验分拣线，自动分拣系统产品开发成功。

这个例子告诉我们，把发现的商业机会付诸实施，具备一定的专业知识，并与各方面的人才相互协作，才能把创意尽快变成现实。

3.1.2 德鲁克关于"机会"的七个窗口

如何发现商业机会？彼得·德鲁克在《创新与企业家精神》⊖一书中将"机会的窗口"归纳为七项，这是任何一家公司都可以运用的、可靠的创新来源，也是发现商业机会的重要手段。

1. 意外事件

意外成功提供的创新机遇风险最小，过程也最不艰辛。如果企业有一种产品的表现明显比其他产品好，甚至出乎企业管理者的预料，比如奇瑞当初的 QQ，这时，管理者要赶快组织研究成功的关键要素，加强、扩展这些要素，迅速把这个产品推广出去。同时，管理者还可以把这个经验应用于其他产品。此外，意外失败也是非常重要的创新机遇来源，它会让企业重新审视市场、客户需求。

2. 不协调的事件

德鲁克总结了四种不协调情况：经济现状的不协调，现实和假设的不协调，所认定的客户的价值和客户实际的价值（追求的东西）之间的不协调，程序的节奏或逻辑的内部不协调。

以现实和假设的不协调为例，20 世纪 50 年代之前，航运业一直致力于降低航运途中的成本、提高效率，例如，使用更快的货船、雇用更好的船员，但成本仍居高不下，导

⊖ 此书中文版机械工业出版社已出版。

致航运业一度濒临消亡。集装箱的发明者用简单的创新解决了客观现实和主观假设之间的不协调。

3. 流程（程序）需求

流程（程序）需求是指寻找现有流程中薄弱或缺失的环节，采用"更好的方法"改进流程。

比如，巴西阿苏尔航空公司以机票价格低廉而闻名，但没有多少巴西人愿意搭乘这家公司的航班。研究发现，由于缺少公交，乘客需要从家里乘出租车到机场，费用很高，抵消了廉价机票的优惠。于是，阿苏尔航空公司决定为乘客提供到机场的免费大巴。如今，每天有几万名乘客预订阿苏尔航空公司的机票，阿苏尔航空公司也成为巴西成长最快的航空公司。

4. 行业和市场结构变化

行业和市场结构会发生变化，如客户的偏好、口味和价值变化，这些变化可以成为创新的重要来源。但是如果不能及时有效地应对，这些变化对企业而言就是一场灭顶之灾，即使是柯达这样的行业巨头也无法幸免。早在1975年，柯达就发明了第一台数码相机，管理层意识到胶卷总有一天会消失，但是不知道什么时候会发生，于是没有把数码相机投入生产。结果，当市场结构真正变化时，柯达丧失了市场机会。

5. 人口结构的变化

人口结构包括人口数量、规模、年龄结构、人口组合、就业情况、受教育状况以及收入情况等。相比其他来源，人口结构的变化是最可靠的创新来源。例如，中国的老龄化人口增加、二孩政策实施之后的新生儿增加等，产生了明显的市场需求。

6. 认知的变化

不同群体的人对于同一个事物的认知是不同的。例如，西方一些国家的人认为生病了才去医院治疗，而中国很多人认为"治未病"才是上策。因此，中国的保健、健身等产业发展迅速。

7. 新知识

基于知识的创新所需的时间最长，从新知识的出现到它成为可应用的技术，以至转变为上市的产品、程序或服务需要很长的时间。新知识可以变成可应用的新技术。当一项新技术在一个领域出现时，可能很快将进入很多相关领域。因此，新技术未应用的领域存在机会。例如，图像识别技术刚出现时是用于门禁等领域，现在人们把这项技术应用于人脸识别、交通控制、公共安全等领域，未来还有很多应用领域等待开发。

在以上七个创新机遇来源中，前四个来源存在于组织的内部，后三个存在于组织的外部。企业管理者需要随时观察这些变化，以便发现新的商业机会。

3.1.3 认识商业机会

商业机会表现为需求的产生与满足的方式不平衡，也就是需求没有得到满足。本节介绍商业机会的来源和分类。

1. 商业机会的来源

被大众认可的产品与服务才是商业机会，商业机会不是凭空掉下来的，它来自科技进步与社会、政治、经济的变化，为社会中的自然人与组织所需要。因此变化是商业机会的重要来源，没有变化就没有商业机会。我们每天看电视、看手机，看到什么事情发生变化了，也许这就是个商业机会。产生商业机会的四项主要的变革如下。

（1）技术变革。世界上出现一项新的技术，可能很容易解决以前难以解决的问题。把技术运用到社会各领域中就是变革。例如，以前人们穿的袜子都是棉线编织的，不耐磨，而化纤（尼龙、腈纶等）的耐磨性大大增强，所以化纤出现以后，很多袜子都变成了尼龙袜、腈纶袜。

（2）政治和制度变革。法律、法规规定一些事情可以做，一些事情不能做，这就意味着机会的存在。例如，20世纪80年代，国家政策允许私人办公司，带来了民营经济的大发展。2008年开始实施的"限塑令"，尽管让一部分塑料厂破产，但也为可降解材料的应用带来了巨大的商机。

（3）社会和人口结构变革。例如，2019年末，我国60周岁及以上人口达到25 388万人，占总人口的18.1%，围绕老年人的产业会有很好的发展；随着国家二孩政策的出台，未来新生儿数量会有较大的增长，母婴市场存在很多商业机会。

（4）产业结构变革。一些传统产业被淘汰，一些新兴产业崛起，带来商业机会。例如，随着互联网、大数据、云计算等产业的发展，基于网络的教育产业出现了很多商业机会，值得创业者进入。

2. 商业机会的分类

（1）根据创业机会的来源，商业机会可以分为问题型机会、趋势型机会和组合型机会。

问题型机会：指的是由现实中存在的未被解决的问题所产生的一类机会。例如，城市中很多上班族无力从事家庭事务（如带孩子、洗衣、做饭、搞卫生、照顾老人等），导致家政服务需求不断增加，成为家政公司的发展机会。

趋势型机会：就是在变化中看到未来的发展方向，预测到将来的潜力和机会。例如，随着我国居民收入日益提高，越来越多的人开始在国内外旅游，旅游相关的行业（如交通、住宿、购物等）就产生了很多发展机会。

组合型机会：就是将现有的两项以上的技术、产品、服务等因素组合起来，以实现新的用途和价值，从而获得创业机会。例如，把交易规则和网络技术组合起来，出现了淘宝、京东等电商平台。

（2）根据目的－手段关系的明确程度，商业机会分为识别型机会、发现型机会和创造型机会。

识别型机会：是指市场中的目的－手段关系十分明确时，企业家可通过目的－手段关系的连接来辨识机会。比如自动分拣系统可以取代手工分拣，大量减少快递公司的劳务用工。前面提到的徐传化的例子中，"清洗干净"就是目的，"洗涤剂"是手段。生产这种洗涤剂，就是为了把布洗得更干净，这种目的-手段关系很明确。

发现型机会：是指目的或手段任意一方的状况未知，等待企业家去发掘机会。例如，摩托罗拉公司推出了6502芯片，但是并不知道这个芯片的广阔用途，而乔布斯立即发现这个芯片可以用来组装个人电脑，有巨大的商机。

创造型机会：是指目的和手段皆不明朗，企业家要比他人更具先见之明，才能创造出有价值的市场机会。市场上没有这个产品，也不知道它能解决什么问题，但是新产品推出来之后很受市场欢迎，这样的产品最有价值。例如，20世纪40年代，冯·诺依曼与"莫尔小组"的工程师莫克利和艾克特研制成功世界上第一台通用的电子计算机ENIAC的时候，市场上并没有同类产品。估计他们怎么也想不到这台机器带来的IT革命，竟然改变了世界。

3.1.4　识别商业机会

1. 影响商业机会识别的因素

影响商业机会识别的主要有四大因素，分别是创业者的先前经验、认知因素、社会关系网络和创造性。

（1）创业者的先前经验。在特定行业中的先前经验有助于创业者识别出该行业中存在的商业机会，这被称为走廊原理，即创业者一旦创建企业，就开始了一段旅程，在这段旅程中，通向创业机会的"走廊"将变得清晰可见。这个原理提供的见解是，某个人一旦投身于某行业的创业，他将比那些从行业外观察的人更容易看到行业内的新机会。如果他对这个行业一无所知，可能就比较难了解这个行业的商业机会。

（2）认知因素。识别机会可能是一项先天的技能，或是一个认知过程。有些人认为，企业家有"第六感"，使他们能看到别人错过的机会。多数企业家以这种观点看待自己，认为他们比别人更"警觉"。警觉很大程度上是一种习得性的技能，比如乔布斯看到摩托罗拉出品的6502芯片，立即就发现了商机，产生了创业的灵感，这是一种先天的技能。但是这项技能跟他自己以前痴迷电子产品、接触过电脑有一定的关系。因此，拥有某个领域更多知识的人，对该领域内的商机会更敏感。

（3）社会关系网络。社会关系网络能带来很多有价值的信息，其中就蕴藏着商业机会。个体社会关系网络的深度和广度影响着机会识别。研究发现，社会关系网络是个体识别机会的主要来源，与强关系（指社会关系非常密切）相比，弱关系更有助于个体识别创业机会。也就是说，和很熟悉的老朋友相比，你和新认识的朋友交往，更容易发现商机。

（4）创造性。创造是产生新奇或有用创意的过程。一定程度上，机会识别是一个创造过程，是不断反复的创造性思维过程。创造性反映在产品、服务和业务的形成等一系列过程中。

2. 不同行业的商业机会

哪些领域更容易产生机会，哪些领域比较困难呢？通常来说，新兴产业、国家鼓励的产业更容易出现商业机会。以下是容易产生机会的新兴产业。这些产业大多处于起步、增长时期，例如：

- 节能环保产业。
- 新兴信息产业。
- 生物产业。
- 新能源产业。
- 新能源汽车产业。
- 高端装备制造产业。
- 新材料产业。
- 其他新兴产业。

有些传统产业业务下滑、竞争激烈，整个行业盈利相对比较困难，其中的商机较少。例如：

- 低端制造产业。
- 高能耗产业。
- 高污染产业。
- 劳动密集型产业。
- 市场持续下滑的产业。
- 国家政策限制的产业。

当然，在这些落后的行业里，如果创业者能够改变其中不利的因素，改变该行业的规则，则有可能使行业重生。比如传统的化工产业，污染治理投资很大，造成行业盈利能力差。如果创业者的创意能够以低投入治理污染，大幅度降低能耗，则有可能让传统的化工产业重新焕发生机。

3.1.5 创业机会评估

发现商业机会之后，并不是马上就开始创业，而是需要对商机进行评估，了解创业机会的市场潜力与面临的困难。一般来说，评估要经过两个阶段：初步评估和详细评估。

1. 初步评估

初步评估的主要目的是估计市场容量、增长潜力，针对商机，评估你的创意有没有价值。

例如，作者在开发快递自动分拣系统时，初步评估如下：

- 全国性的快递公司有 10 家（四通一达、顺丰、天天等）。
- 全国按 20 个省市、每个省市下属 10 个地级市、每个地级市 1 个配送中心测算。
- 每套（40 个道口）预估 3 000 000 元销售额，则：

$$用户数量 = 10 \times 20 \times 10 = 2\,000（个）$$
$$市场容量 = 2\,000 \times 3\,000\,000 = 60（亿元）$$

由此估计出市场有 60 亿元以上的容量。自动分拣系统在整个快递行业所用的设备里面只占一部分比例。公司设计自动分拣系统进入快递行业之后，再增加其他产品的销售，可能会有百亿级的市场规模。

2. 详细评估

创业项目是需要投资的。从投资者的角度来看，项目投资需要做可行性研究，从市场、技术、管理等角度，分析这个项目是否值得投资，分析投资回报率、资本回收期、项目风险等。由于创业项目还只是一个想法，可行性研究的前提不是很明确，因此很难得到令人信服的结论。

创业者自己要想进入项目，需要评估：自己花费很多时间从事这件事，追求的是什么？有多大回报？是否值得？

如果请专业机构评估，要花不少钱。作为创业者，没有那么多资金进行详细评估，进入项目也是凭自己的兴趣和热情，因此，可以通过以下思路搜集资料，然后进行评估。

（1）估计技术难度。为了把创业想法变成现实，创业项目的产品研发、工艺设计需要技术支撑，需要一定水平的技术人员；开发新技术或购买技术许可，需要一定的费用。这些是创业者在实现商业机会的价值过程中所需要的前期投入，如果技术难度太高，又找不到外援，或者需要的资金太多，应趁早放弃。

（2）估计资金投入。创业需要投入的资金包括前期研发产品、筹建公司的资金、公司初期运营所需的资金（如购买设备和材料的成本、员工工资、市场开拓费用）等。正确估计资金量，就可以做好融资计划，明确创业团队自筹多少、引进外部投资多少，避免出现项目进行到一半由于资金问题而夭折。

（3）估计盈利空间。盈利空间是指收入和成本之间的差额。创业者应依照成本、市场接受度与市场潜力估计收入和成本，预估项目的利润。估计成本的时候，不能简单核算材料、人工等直接费用，还应该核算销售费用、管理费用、财务费用等间接费用。很多企业毛利很高，但是间接费用太多，压缩了盈利空间。

思考与练习

1. 什么是商业机会？
2. 产生商业机会的四大变革是什么？
3. 哪些行业容易出现商业机会？

4. 简述影响商业机会识别的主要因素。
5. 创业机会评估的主要内容是什么？

创业实训

1. 观察你身边的成功创业者，分析他们是如何发现商业机会的。
2. 对你的创业项目资金投入进行初步估计，参考实训模板 3-1 "创业项目资金投入估算"（见表 3-1）。

实训模板 3-1　创业项目资金投入估算

表 3-1　创业项目资金投入估算表

资金分类	子　项	主要用途	预估金额	备　注
研发资金	购买研发仪器、材料等			
	获取技术专利等			
	研发人员报酬			
	实验设施建设			
生产投入	购买设备			第一年
	购买材料			第一年
	员工工资			第一年
市场开拓	分销渠道建设费用			第一年
	广告与促销费用			第一年

3.2　产品创意

产品创意是在发现商业机会之后进行的，是创业八部曲中的第二个环节。本节我们先了解产品创意基础知识，然后引出用户痛点的概念，最后分析解决用户痛点的创意案例。

3.2.1　产品创意基础知识

什么是产品创意呢？产品创意就是产品的概念设计，是设计创意产品区别于原有其他产品的独特性。所谓概念，就是产品最重要的功能或最主要的特色。

下面举几个产品创意的例子。

（1）（一次性）圆珠笔。在使用圆珠笔之前，人们用的是灌墨水的钢笔。钢笔里面的墨水用完之后要灌墨，比较麻烦，使用起来不方便。匈牙利人借鉴铅笔的结构，在塑料笔芯里灌墨水，写完之后把塑料笔芯扔掉，变成一次性产品，大大增加了使用的方便性，这是圆珠笔区别于钢笔的一个重要特性。"一次性使用的钢笔"，就是圆珠笔这个新产品的概念。

（2）不干胶即时贴。3M 公司在产品实验过程中，做出了一种胶，却发现这种胶的黏性不是很好。如果按照黏性来评价,这种胶是没有价值的。但是有人提出,有些地方需要这种不太黏的胶,贴上去之后容易撕下来,做成一个易贴易撕的便签。3M将其取名为"即时贴",区别于以前的固定式黏胶,一下子风靡全球。"易贴易撕的便签",就是这个新产品的概念。

(3)容易清洗的豆浆机。20世纪90年代,市场上有很多豆浆机,但是大部分豆浆机在做完豆浆之后,机器内的电热管很难洗干净,用户非常苦恼。于是九阳公司就提出了"容易清洗"概念,攻克了这个难题,生产出"容易清洗的豆浆机",产品非常畅销。

总之,产品创意、服务概念设计,就是要设计产品或服务的独特性。什么样的独特性容易引起用户注意呢?那就是能解决用户的"痛点"问题。

3.2.2 发现用户痛点

1. 用户痛点的概念

用户使用现有产品,有些地方感觉很不好,比如功能不能满足要求、价格昂贵、使用成本高、使用不方便、容易损坏等,这些就是用户痛点。简单来说,用户痛点就是指用户在使用产品或享受服务过程中感觉不舒服的点。

2. 发现用户痛点的案例

| 案例 4 |

TCL电视

20世纪90年代初,TCL开始进军电视机市场,当时市场上已经有很多知名品牌,如长虹、海尔、海信等。TCL想做电视机,很难在功能上超越市场上已有的产品。于是TCL去农村做市场调查,发现农村电压不稳的问题很严重。当时农村没有进行电网改造,电压忽高忽低,比如春节的时候,因为电压不足,电视画面缩成马赛克,声音也比较沙哑。于是TCL就针对农村市场开发了在宽幅电压下可以工作的电视机,电压低至110V都可以工作,电压高达250V也可以正常播放。除此之外,因为农村里面有很多人文化程度不高,TCL对遥控器功能进行了简化,以此削减不必要的功能和成本。由于较好地解决了农村市场的"痛点",TCL电视机成为市场上的一匹黑马,在短时间内占据了大量的市场份额。

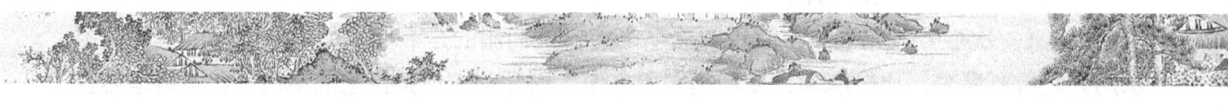

| 案例 5 |

一撕得纸箱

近些年,我国电商行业发展迅速,2019年我国的电商快递数量达到600多亿个,人均40

多个快递包裹。收快递的很多是女性,快递包裹的拆卸便捷性就显得尤为重要。于是有公司发明了一种容易撕开的纸箱,用户只需三秒钟就可以撕开包裹。该产品一经推出,立即受到天猫、京东平台上大品牌厂商的青睐。一撕得纸箱让快递包裹的用户体验更好,使用起来更加方便。

3.2.3 发现用户痛点的方法

首先,将你的创业原始想法做成调查表,分别从功能、包装、购买、使用等方面了解用户是否满意。接着进行市场调查,尽量大范围发放调查表并收集汇总。然后,分析每一项不满意指标对用户有多大价值,按照不满意程度乘以价值权重,从高到低进行排序,排在最靠前位置的就是需要重点解决的问题,也就是用户痛点。

| 案例6 |

解决用户痛点:儿童保温杯

有人想推出一款保温杯,目标用户是儿童。市场上有大量同质化严重的保温杯,因此发明者就列出一些指标,比如保温性能、容量、温度显示、花型、手感、便携性等,让用户进行打分,按照从非常满意到很不满意依次递减的打分规则。调查表设计如表3-2所示。

表3-2 儿童保温杯功能满意度调查表

指 标	非常满意 5	比较满意 4	一般 3	不满意 2	很不满意 1
1.保温性能					
2.容量					
3.温度显示					
4.花型					
5.手感					
6.便携性					

对调查资料进行收集汇总,分析得到调查的温度显示平均分只有1.5分,用户很不满意;便携性3.8分;保温性能4.8分。按痛点分从高到低排序,得到表3-3。

表3-3 儿童保温杯功能满意度调查结果

指 标	满意度平均分	不满意度平均分	价值权重	痛点分
1.温度显示	1.5	3.5	5	17.5
2.便携性	3.8	1.2	5	6
3.花型	4	1	4	4
4.手感	4.2	0.8	3	2.4

（续）

指　标	满意度平均分	不满意度平均分	价值权重	痛点分
5. 容量	4.5	0.5	3	1.5
6. 保温性能	4.8	0.2	5	1

注：1. 儿童保温杯痛点分计算：不满意度平均分 = 5 - 满意度平均分
　　2. 价值权重：很有价值 5，没有价值 1，请专家确定的数据
　　3. 痛点分 = 不满意度平均分 × 价值权重

通过对表 3-3 的分析，可以发现保温杯的使用群体——儿童对温度很敏感，如果水温太高容易烫伤，因此，"不能显示温度"成为儿童保温杯的一个痛点。将用户痛点植入产品创意中，一种"带温度显示"的儿童保温杯的概念就明确了。

温度显示的方案有电子温度计和贴片温度计等多种。电子温度计看上去更加直观，但是需要经常换电池，使用起来不是很方便；贴片温度计的原理是，不同的温度显示不同颜色，比如 40℃ 显示为绿色，50℃ 显示为红色等，这种方式更加方便，不需要充电。

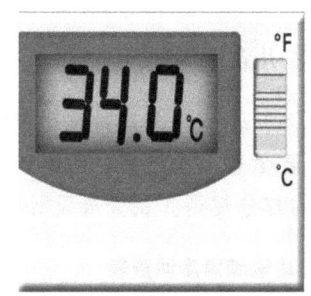 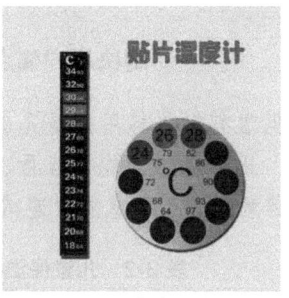

经过上述一系列分析，可以得到"利用贴片显示温度的儿童保温杯"这个产品创意，创业迈进了一大步。

◈ 思考与练习

1. 什么是产品创意？
2. 什么是用户痛点？
3. 如何发现用户痛点？
4. 如何解决用户痛点？

◈ 创业实训

如果是产品项目，请通过调查找出你的创业项目的用户痛点，并构思产品创意。

3.3　服务创意

服务创意是针对无形的服务产品的创意，和产品创意是并列关系。本节首先介绍服务创意的基础知识，然后分析服务痛点，以实例说明如何发现服务痛点。

3.3.1 服务创意基础知识

1. 服务产品的特点

和有形产品不同,服务产品有五个特点:一是无形性,服务没有实体物品。比如理发、看电影等,整个过程没有实际的物品交付。二是易逝性,不易存储。比如机票,飞机起飞之前它很有价值,飞机起飞之后就没有任何价值了。三是质量难以度量,服务质量的好坏,取决于顾客的主观感受,很难测量。四是服务有一定的服务半径,很多服务只能在一定的区域内提供,如餐饮服务。五是营销、生产与销售同步,服务往往以"有形产品+无形服务"的形式提供。

2. 服务创意的概念和例子

服务创意就是服务产品的概念设计,是本服务区别于其他服务的独特性。比如网上购物和线下购物相比,网上购物更加便捷;"一人火锅"提供单身群体吃火锅的服务;手机游戏 App,用户随时可以玩游戏;顺丰快递"一日达",通过快速的配送服务满足用户对速度的需求。

下面举几个服务创意的例子。

|案例 7|

方便在网上找资料

20 世纪 90 年代末,人们对互联网的狂热达到了巅峰,网络处于"信息爆炸"状态,如何从海量信息中查找到自己需要的信息,是一个大问题。斯坦福大学计算机专业两位研究生拉里·佩奇和谢尔盖·布林,经常通宵在实验室找资料。他们萌生了一个想法:能否开发一种方便在网上查找资料的工具?于是,搜索引擎 Google 诞生了。

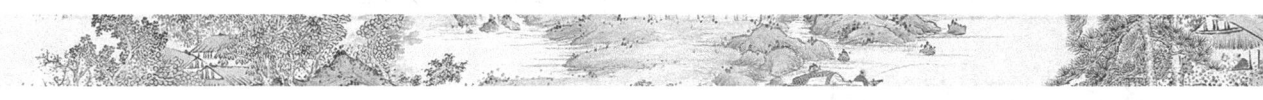

|案例 8|

上门理发

有几个大学生在 IT 公司实习的时候,发现很多员工头发很长。调查发现,原来是员工太忙，没有时间出去理发。IT公司的员工往往晚上下班较迟，错过了理发店的营业时间段。这几个大学生想：能不能提供一种上门理发的服务呢？于是他们建立了一个互联网平台，开发了App软件，半年时间就有几千个理发师在平台上注册。白领人士可以通过这个平台发布理发需求信息，理发师通过App抢单，按约定时间上门服务。这种服务模式因为满足了用户的便捷性需求，价格可以相对较高。平台本身通过从服务费用中提成来实现盈利。

3. 服务要素分析

服务要素类似于产品的性能。服务要素主要有：服务内容，就是提供的服务是否符合顾客的预期；服务的速度，比如银行业需要减少顾客等待时间，提高业务办理的速度；服务的及时性，就是服务提供者是否能够快速响应顾客需求；服务质量，通过什么方式提高无形服务的质量；服务成本，即提供服务需要花费的成本；服务的舒适性，就是服务是否满足顾客的感受。

服务创意，就是要设计服务要素的独特性，让这些要素为顾客带来更好的体验，也为公司创造价值。当然，要在所有要素上都超过对手是不可能的，因此服务创意就需要找到顾客感觉最强烈的痛点，针对痛点进行服务概念设计。

3.3.2 发现服务痛点

找到服务过程中顾客的痛点尤为重要。可以采用调查的方式，准确了解服务痛点。首先，要明确调查对象，包括顾客和服务提供商；其次，要明确顾客调查的主要内容，了解顾客对于各项服务功能的满意度，发现服务痛点；再次，对于满意度不高的服务要素，调查服务提供商，分析是技术问题、设备问题、系统问题还是人员问题，找出产生问题的原因；最后，针对上述原因，设计出独特的有创意的服务方案。例如，可以采用新的设备、新的技术、优化的服务流程等，以期对原有服务进行改进。

发现服务痛点的任务及其内容如表3-4所示。

表3-4 发现服务痛点的任务及其内容

任 务	内 容
明确调查对象	顾客、服务提供商
明确顾客调查内容	了解顾客对各项服务功能的满意度，找出服务痛点
明确服务提供商调查内容	分析产生痛点的原因
定位核心问题	是技术、设备、系统问题还是人员问题
构思服务创意	设计独特的服务方案

3.3.3 服务创意示例

服务创意有两种思路：一是原有服务的改进，就是利用新的服务方式取代已有的服务，也就是说，服务内容是一样的，但是服务方式变了。例如，飞机和汽车都可以用于长途运输,但是飞机更快,可以满足对时间要求高的客户的需求。二是提供全新的服务,这种服务是以前没有的。例如,在我国,即时通信软件(如QQ)出现之前,并没有网络即时聊天工具,它是一个全新的产品。

1. 原有服务改进的创意设计

对原有服务改进的好处是,需求是已知的,新的服务如果在成本、价格、速度、便捷性、安全性等方面优于原有服务,则很容易取代原有服务,快速占领市场。

|案例9|

超高速列车

人类总是追求交通工具的速度。出行时有很多交通工具可供选择,普通火车每小时80公里左右,高速列车能达到每小时200~400公里。达到上限之后,在普通的轨道上面无论再增加多少动力都不能提高列车速度,而且比较危险。那么,能不能换一种方案?有人提出"磁悬浮真空管道列车"的创意,采用真空管道和磁悬浮技术,大幅度减少空气阻力和轨道摩擦,这样的超高速列车可使时速达到4 000公里,北京到上海20多分钟就可以到达。这样的运输工具改进方案,一旦成本降低到一定程度,就可以付诸实施。

2. 提供全新服务

20世纪90年代初,很多香港地区的企业把工厂搬到了广东,但是客户大都在香港。广东工厂制作产品样品之后,要送到香港给客户确认;香港客户的合同、需求文件要送到广东工厂。如果邮寄,时间很长,费用也高,关键是还没有公司做这种业务。王卫当时是一个打工仔,日常工作就是来回传送样品和文件。于是他就想到创办一个快递公司,往返广东与香港,当日接货、次日送达。于是顺丰速运公司就诞生了,产生了快递这一全新的物流服务方式。

20世纪90年代中期以来,互联网发展非常快。基于互联网的服务创意非常多,也产生了很多全新的服务。由于互联网覆盖全球、7天24小时运行，因此互联网创业公司的服务项目丰富多彩。我们今天享受的服务，如淘宝、饿了么、美团打车、微信等提供的网购、外卖、乘车、语音视频通话服务，还有近年来火爆的抖音、快手等短视频服务，都是互联网时代的产物。如果没有互联网，这些服务是不可能存在的。同样，近些年人工智能（AI）技术迅速发展，提供基于AI的相关服务，给服务业增加了很多畅想的空间。

◈ 思考与练习

1. 什么是服务创意？
2. 服务产品的特点是什么？
3. 服务有哪些要素？
4. 如何发现服务痛点？

◈ 创业实训

如果是服务项目，请通过调查找出你的创业项目的痛点，并构思服务创意。

第 4 章
CHAPTER 4

外部调查

通过发掘用户痛点,创业者可以产生产品或服务创意,设计产品或服务的独特概念,产品的形象就会逐步清晰。接下来,创业者就要进行针对性的外部调查,包括同类产品调查、市场调查、行业调查和消费者调查,了解市场、行业和消费者需求,为产品进一步设计做好准备。

4.1 同类产品调查

20 世纪 90 年代,某科研机构花了 100 多万元,历经两年时间研发出了一种新的化合物。当他们准备生产时才发现:80 年以前英国就有了同类产品的专利。80 年前已经有专利的东西,市场上可能早就有了,只是我们没有做调查,没有发现而已。那么,我们该如何进行同类产品调查呢?

4.1.1 同类产品调查的必要性和内容

1. 同类产品调查的必要性

同类产品包括相同产品和相似产品,它们相互之间有一定的替代性。相同产品是指两种产品在用途和功能上大部分相同,相似产品是指二者用途相同但具体功能有一定的不同。对消费者来讲,同类产品是可以相互替代的,它们之间存在竞争关系。因此,同类产品调查可以帮助创业者了解目前市场上是否有相同或相似的产品。如果有,创业者就要努力使自己的产品在功能或其他方面更加优异,这样才能在市场上更具竞争力。

通过前面科研机构研发化合物的例子可以发现,同类产品调查,无论是有意为之还是无意为之,都是非常重要的一件事情。同类产品调查,就如同出海前渔民都需要分析天气情况,自己观察风云变幻、看海水涨落,否则就有可能选择在暴风雨天出海，遭遇灾难，出现惨重损失。

2. 同类产品调查的内容

同类产品调查主要内容包括：产品功能、性能指标、生产厂家、营销方式等。

首先，要找到具有相同或相似功能的产品，比较每种产品有哪些功能，最重要的功能有哪些。比如普通的电风扇，可能有吹风、调节风力大小、定时、摇摆、调节风扇高度等功能。有些电风扇可能还有遥控、无人自动休眠、防触电、充电等功能。需要做一个表格，将每种产品的每项功能记录下来。

其次，要了解产品的性能指标。产品竞争力，很多时候体现在性能指标上。比如汽车的最大时速、油耗、加速度、噪声等，快餐的品种数量、风味，快递的交付时间等。

再次，要调查有哪些厂家，包括这些厂家的名称，他们是如何生产的，采用什么工艺，主要用什么材料。通过这些信息，可以大致判断出这些厂家的成本、质量等情况，也可供创业者未来设计自己的生产系统时参考。

最后，要了解同类产品的营销方式，包括销售渠道、产品的卖点、销售量、销售价格等；购买同类产品的消费者特征，如性别、年龄、职业等；同类产品的市场价以及中间商差价；同类产品销售是否有广告发布和促销活动等。

通过同类产品调查研究，创业者可以获得市场上同类产品的基础数据和信息，比如这个市场有多少种同类产品，市场上同类产品的差异性体现在哪些方面，市场对这类产品的购买力如何，等等。同类产品调查为市场预测和经营决策提供准确的情报资料，是市场预测和经营决策的基础。总之，如果不做同类产品调查，就像指挥官不知道对手的排兵布阵就盲目指挥部队进攻，除了失败还是失败。

4.1.2　同类产品调查的途径

下面介绍常用的 6 种调查途径。

1. 网上购物平台

通过网上购物平台搜索，简单、快速，能找到的品种多。网上购物平台主要有淘宝、天猫、拼多多、亚马逊等，例如，淘宝上有几百万种产品，直接搜索产品名称或关键词，可以快速发现相应的产品。此外，还有一些工业品平台（如机械设备网），可以找到很多机械设备的信息。根据网上搜到的产品信息，我们也可以查询产品的功能、规格、材料、价格以及生产厂家等。

在利用网上购物平台搜索时，可能会出现两种情况：一是新的创意产品可能是市场上没有出现过的，在网上也没有出现过，因此不知道搜索关键词；二是创业者设想的产品名称不一定是大众化的、已经被市场接受的名称。这时该怎么办呢？

首先，搜索产品归属的大类。比如，你发明一种烧不煳的锅，锅是厨房产品，可从厨房产品里面寻找"锅"的分类、产品的材质等。其次，描述产品的主要特性，把几个关键词连用，便能比较准确地定位是否存在相似产品。

从网络购物平台上，还可以初步了解产品销售信息。如果产品的销售量一直增加，则说明该类产品以后市场前景会比较好。对于销量较好的产品，分析其功能特点、畅销的原因，便于改进你的产品创意和设计。

2. 搜索引擎

用百度之类的搜索引擎，也是发现同类竞品的很好方法。在搜索引擎中输入关键词，搜索结果数据量往往非常大，而且很大一部分是新闻报道，并不能看到产品的具体功能、性能指标等。从这些数据中，创业者可以学习产品的相关知识，这些知识可以让创业者对产品更加了解。特别是很多大学生缺乏产品知识，可以通过这种方式学习。从搜索结果中，创业者还可以得到生产厂家、生产工艺等线索，然后根据这些线索进一步深入搜索，深入了解厂家和工艺状况。

当创业者用搜索引擎搜索关键词之后，可能会出现一些广告页面，这时要过滤掉无关信息，才可以发现关联度比较高的产品。创业者要学会使用检索条件，使用多条件检索的效果更好。

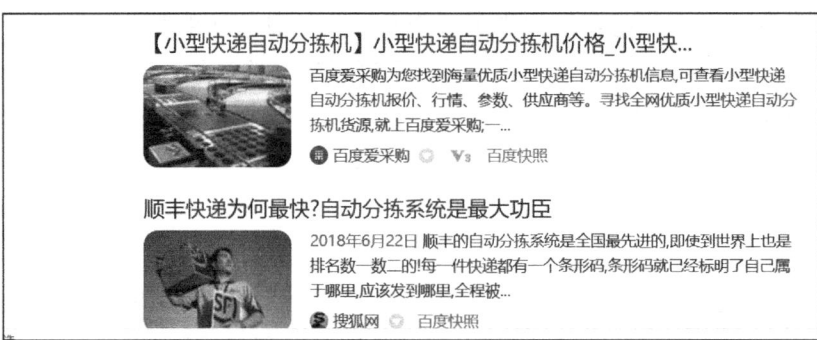

3. 中国知网

中国知网是知识信息、知识服务、知识管理平台，非常权威。中国知网收集的知识包罗万象，最重要的是包含了公开出版的期刊论文、学位论文和行业会议论文等，是重要的检索渠道。中国知网很多栏目是收费的，可以去有权限的图书馆搜索，也可以付费购买使用权。

4. 中国专利信息网

中国专利信息网跟中国知网类似，可以搜索自己设计的产品是否已有别人申请专利。如果其他人已经申请专利，你就要考虑自己的产品是不是完全相同，核心技术是否构成专利侵权。专利信息是公开的，你可以在他人产品的基础上进行产品创新。

5. 行业产品分类查询

行业产品分类，可以从产品的用途入手，判断所在行业。对该行业的产品进行逐级分类，找到具体类目再查询产品，具体方法与网上购物平台搜索类似。

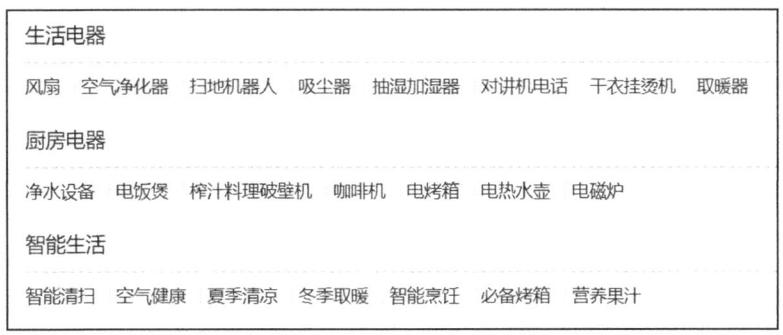

6. 咨询行业专家

行业专家见多识广，具有丰富的经验。他们除了参加过很多行业会议之外，还通过各种行业期刊、与同行交流等了解这个行业里的很多细节，而这些细节在网上不一定能查到。他们掌握大量工艺、技术、产品、生产厂家、销售渠道等信息，甚至还在行业内拥有丰富的人脉资源，可以协助创业者进行判断，甚至帮助创业者引荐供应商或客户。

4.1.3 产品调查的信息处理

通过同类产品调查收集到产品信息后，我们需要先将产品分成不同类型，再进行分析，定位产品功能，确定工作原理、材料、规格、价格等，然后推断它的生产工艺、所需的设备以及销售量,最后总结产品的优劣势,明确自己的产品设计方向。

◆ 思考与练习

1. 同类产品调查途径有哪些?
2. 网上购物平台搜索同类产品的优缺点有哪些?
3. 搜索引擎搜索同类产品的特点是什么?
4. 如何利用中国知网检索同类产品?

◆ 创业实训

1. 设计"同类产品调查表",格式见表 4-1 并完成调查。

表 4-1　同类产品调查表

调查内容	生产厂家			本项目
	厂家 1	厂家 2	厂家 3	
产品功能				
功能 1				
功能 2				
功能 3				
性能指标				
指标 1				
指标 2				
指标 3				
生产方式				
主要材料				
采用工艺				
预估成本				
销售量				
营销方式				
营销渠道				
广告方式				
促销措施				
价格策略				

注:①先将本表中的产品功能、性能指标等,改成你的创业产品/服务的指标。比如灯泡的功能为照明、加热、报警等,性能指标为功率、照度、寿命(小时)等;②通过多种渠道收集信息,找到不同生产厂家的相关资料,整理在表上;③对数据进行分析,发现本项目的优点和不足。

2. 撰写调查报告,格式见实训模板 4-1。

实训模板4-1　同类产品调查报告结构

××同类产品调查报告

前言
概要
1　产品概念与发展历史
　　1.1 产品定义
　　1.2 产品发展历史
　　1.3 产品发展趋势
2　产品性能
　　2.1 产品主要功能
　　2.2 产品使用环境
　　2.3 产品性能指标
3　生产厂家
　　3.1 生产整体状况
　　3.2 主要生产厂家
　　3.3 生产工艺
4　营销方式
　　4.1 销售渠道
　　4.2 销售量和价格
　　4.3 产品卖点
5　产品独特性分析
　　5.1 产品差异性
　　5.2 用户痛点
　　5.3 产品独特性
总结

4.2　市场调查

经过同类产品调查后,我们对产品有一个基本的了解:它的独特性、它应该具备什么样的功能、解决用户的什么痛点。下一步,我们要了解市场有多大。

4.2.1　市场调查基础知识

1. 市场的概念与分类

按照管理学的说法,市场是指各方参与交换的多种系统、机构、程序、法律或基础设施。我们通常的说法就是买方组成市场,卖方组成行业,也就是所有的买方构成市场。市场规模和容量是创业者需要了解的重要内容。

市场分类方法有很多种。一是按照市场上的主体不同,可以分为:消费者市场,指为满足个人消费而购买产品和服务的个人和家庭组成的市场；生产者市场，指工业品使用者市场或工业市场；转卖者市场，指中间商市场或旧货市场；政府市场，指那些为执行政府的主要职能而采购或租用商品的各级政府单位形成的市场。二是按产品或服务供给方的竞争状况，分为完全竞争市场、完全垄断市场、垄断竞争市场和寡头垄断市场。三是按照区域范围，分为国际市场和国内市场，国际、国内市场又可以进一步细分。四是按照经营产品的专业化和综合性，分为专业性市场和综合市场。五是按照规模大小，分为小型、中型和大型市场。六是按照市场经营的商品品类及其最终用途，划分为生产资料市场、生活资料市场、技术服务市场以及金融市场。七是按照产品交易对象是否具有物质实体，分为有形产品市场和无形产品市场。八是按照交易对象的具体内容，分为商品市场、现货市场以及期货市场等。

创业者在进行市场调查时，不需要对上述分类中的市场都进行调查，一般选择两三种分类市场就可以了。

2. 市场调查的概念

市场调查是就是围绕创业项目的潜在市场进行调查。调查之前，需要进行市场细分，确定创业项目所在领域、需求量级以及发展趋势。

市场调查就是把一种消费者及公共部门和市场联系起来的特定活动。调查获得的信息可以用于识别和界定市场营销机会与问题、产品改进和评价营销活动、监控营销绩效、增进对营销过程的理解。市场调查的目的是定位市场，找到市场在哪里。创业阶段的市场调查，就是识别创业产品的潜在市场。

3. 市场调查的内容

市场调查的内容有五个方面。一是市场环境的调查，包括经济环境、政治环境、社会文化环境、技术环境和自然环境等。二是产品生命周期调查，也就是产品处于导入期、成长期、成熟期还是衰退期。三是市场需求调查，包括消费量调查、消费者结构调查等。四是市场营销因素调查，包括产品、价格、渠道和促销等的调查。五是市场竞争情况调查，包括对竞争企业的调查和分析，了解同类企业的产品、价格和经营方式。

4. 市场调查的方法

市场调查的目的是要了解市场的容量、分布、竞争状况等。市场调查方法一般有三种。

- 数据收集调查法：通过网站、统计年鉴、现有的调查报告等，获得相关市场的数据。
- 访谈调查法：找一些资深专家、典型消费者，做深度访谈。
- 问卷调查法：设计调查问卷，获取市场信息。

单一方法可能并不全面，可以多种方法组合使用，相互补充。

在市场调查过程中，问卷调查法应用广泛，以下重点加以介绍。

4.2.2 问卷调查法

1. 问卷调查的过程

在市场调查方法中,问卷调查法最常用。问卷调查过程如下:一是明确调查的目的;二是进行问卷问题、版式、外观等的设计;三是发放、回收问卷,并对回收的问卷进行筛选,选出有效问卷;四是进行问卷数据的处理;五是对数据处理结果进行分析,得出分析报告。

2. 调查问卷的内容设计

调查问卷的内容一般包括以下几个部分:

第一部分用一段话介绍本调查的目的、发起者,做出匿名声明,让参与调查者信任、了解,愿意参与调查,并对参与者表达感谢。

第二部分是关于调查者的信息,如性别、年龄、职业、收入等,便于统计分析,发现潜在的顾客群体。

第三部分是需要调查的问题。市场调查问卷的问题一般包括3种类型:结构型问题、非结构型问题、综合型问题。问题的范围,包括对产品/服务的认知(是否知晓品牌等)、购买者、使用者、购买动机、购买渠道、颜色或其他偏好、价格期望、服务期望等。最后一两个问题一般是开放性的,让被调查者提出问题之外的更多建议。

第四部分是结束语,对参与者再次表示感谢。

3. 问卷调查的实施

问卷设计完成之后,需要面向特定的群体发放问卷。主要方式有邮寄问卷、现场调查、网络在线调查等。

邮寄问卷是指将问卷打印出来,邮寄给调查对象,对方填写问卷后寄回。这种方式比较正规,但是来回邮寄耗费时间和金钱。近年来,这种方式演变成通过电子邮件将问卷发给调查对象,对方填写后发回邮件。

现场调查是指调查人员携带打印好的问卷,找到调查对象,向其发问并填写问卷。这种方式获得的信息最为可靠,但是效率低、成本高。

网络在线调查就是将问卷上传到网上,通过微信、QQ、短信、邮件等方式给调查对象发送网址链接或二维码,调查对象点击进入,回答问题并提交。常见的调查网站有问卷星、问卷网、腾讯问卷等。采用这种方式的优点是便于被调查者操作、覆盖面广、能获得大量样本、效率高,但是获得的信息的真实性往往不够高。

4.2.3 市场调查案例:果酒市场调查

1. 准备过程

某团队的创业项目产品是一种新的果酒,需要对果酒市场进行调查。调查过程分为三个阶段:

第一阶段,学习果酒相关知识。可以在网上找到酒的分类,有白酒、红酒、啤酒、果酒等。了解国内主要果酒品牌及其特点，如何鉴别果酒质量，果酒有哪些营销渠道，全国果酒市场整体营销状况和趋势等。很多人在创业时，对相关产品的知识储备是不足的，需要充电学习。

第二阶段，搜集相同和相似果酒的详细信息，包括全国与分区域（如安徽市场）的销售量、主要生产商和经销商、经销渠道，对果酒市场形成比较深入的了解。

第三阶段，进行问卷调查，并撰写市场调查报告。具体内容，参见后面的实训模板 4-1。

2. 调查问卷

下面是该果酒调查问卷的示例。

果酒产品市场调查问卷

尊敬的客户：您好！

非常感谢您选择与本公司合作！为了提供更多的优质产品来满足顾客需求，本公司特进行此次市场调查。期盼您在百忙之中给予我们支持！

××××公司
2020 年 8 月 8 日

1. 您的性别：　　　　　男　女
2. 您的年龄：
   A. 18 岁以下　　　　B. 19～24 岁　　　　C. 25～30 岁
   D. 31～40 岁　　　　E. 41～50 岁　　　　F. 50 岁以上
3. 您的职业：
   A. 公司职员　　　　B. 机关干部　　　　C. 事业单位工作者
   D. 自由职业者　　　E. 其他
4. 您的月收入（元）：
   A. <1 000　　　　　B. 1 001～2 000　　C. 2 001～3 000
   D. 3 001～5 000　　E. >5 000
5. 您每月喝酒多少次：
   A. <1　　　　　　　B. 1～3　　　　　　C. 4～7
   D. 8～12　　　　　 E. >13
6. 您喝得最多的是什么酒：
   A. 白酒　　　　　　B. 红酒　　　　　　C. 啤酒
   D. 果酒　　　　　　E. 其他
7. 您喝的酒是在哪里购买的：
   A. 大商场　　　　　B. 超市　　　　　　C. 便利店
   D. 专卖店　　　　　E. 其他
8. 您喝的酒是谁购买的：

A. 本人　　　　　B. 配偶　　　　　C. 子女
D. 朋友　　　　　E. 其他

9. 如果有果酒销售，您是否愿意尝试：
　　A. 很想尝试　　　B. 可能尝试　　　C. 不知道
　　D. 可能不会尝试　E. 肯定不会尝试

10. 您希望果酒是什么口味的：
　　A. 草莓味　　　　B. 柠檬味　　　　C. 青梅味
　　D. 葡萄味　　　　E. 其他

11. 您希望果酒一瓶多少毫升为宜：
　　A. 200　　　　　 B. 300　　　　　 C. 400
　　D. 500　　　　　 E. 其他

12. 您期望一瓶果酒的价格（元）是多少：
　　A. <10　　　　　B. 11～15　　　　C. 16～20
　　D. 21～30　　　 E. >31

13. 您对我们生产、销售果酒，还有哪些好的建议：

◆ 思考与练习

1. 什么是市场？
2. 市场可以如何分类？
3. 什么是市场调查？
4. 市场调查有哪些内容？
5. 市场调查有哪些方法？
6. 参考上面的"果酒市场调查问卷"设计创业项目的调查问卷，在互联网（如问卷星）上发布、调查并分析调查结果。

◆ 创业实训

1. 找出你的创业项目的市场分类，越细分越好。
2. 设计调查问卷、访谈提纲，并实施调查。
3. 撰写市场调查报告，格式见实训模板 4-2。

实训模板 4-2　市场调查报告参考结构

××产品市场调查报告

前言
概要

1 产品概述与发展历史
　1.1 产品定义
　1.2 产品发展历史
　1.3 产品发展趋势
2 市场环境
　2.1 经济环境
　2.2 政治环境
　2.3 社会文化环境
　2.4 科学环境
　2.5 自然地理环境
3 产品生命周期
　3.1 产品生命周期分析
　3.2 产品成长性分析
4 市场需求调查
　4.1 消费量调查
　4.2 消费者结构调查
　4.3 消费量区域分布
5 市场营销因素
　5.1 产品差异性
　5.2 价格政策
　5.3 营销渠道
　5.4 常见促销手段
6 市场竞争情况
　6.1 竞争企业概况
　6.2 主要竞争对手
　6.3 主要竞争对手的经营方式
7 市场风险分析
　7.1 市场风险分类
　7.2 风险评估与应对策略

4.3 行业调查

买方的市场需求明确之后，需要了解卖方的行业状况。行业调查要明确以下几个问题：行业规模有多大？主要厂商是哪几家？他们是怎么做的？行业存在的问题以及痛点是什么？行业发展的趋势如何？

4.3.1 行业基础知识

1. 行业的概念和分类

行业是指一组提供同类相互密切替代商品的公司，是从事国民经济中同性质的生产或其他经济社会的经营单位或者个体的组织结构体系所共同组成的，如冰箱行业、汽车行业、通信行业、银行业等。除了行业外，还有一个相关的概念叫产业。产业是具有某种同类属性的具有相互作用的经济活动组成的集合或系统，包括其上下游。比如汽车行业是指从事汽车生产或者与其相关的经济社会的经营单位或者个体的组织结构体系所共同组成的行业总称，而汽车产业包括其上游的零部件、下游的汽车销售及汽车服务业。

行业范围有大小之分，一个大行业往往可以细分为若干小行业。图 4-1 展示了餐饮行业的分类。

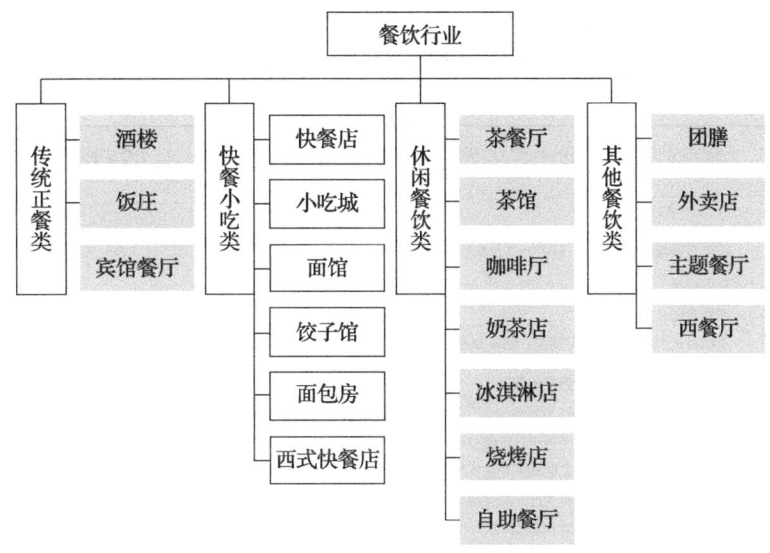

图 4-1　餐饮行业分类

2. 行业分析的概念

行业分析是指根据经济学原理，综合应用统计学、计量经济学等分析工具，对行业的运行状况、产品生产、销售、消费、技术、行业竞争力、市场竞争格局、行业政策等要素进行深入分析，从而发现行业运行的内在规律，进而预测行业发展的未来趋势。

顺应行业发展趋势，创业才容易成功。如果该行业趋势是逐渐萎缩，就算产品再好，也很难成功。行业分析是发现和掌握行业运行规律的必经之路，对指导行业内企业的经营规划和发展具有决定性的意义。

4.3.2　行业调查的内容

行业调查的内容，包括行业概况，行业发展的历史，行业发展的现状与格局，行业发展趋势，行业的市场容量，销售增长率，行业的毛利率、净资产收益率等。行业的增长或衰退，必然反映在一些财务指标上面。

4.3.3 行业调查的过程

1. 了解行业基本情况

行业调查首先要了解行业的基本情况，具体是指上面提到的行业调查内容。

2. 收集行业分析报告

通过哪些渠道收集行业分析报告呢？可以在网上寻找行业分析报告、上市公司报告等。比如，2018年中国光伏行业发展前景报告，将光伏行业情况描述得非常清楚；污水处理行业研究报告，将污水处理行业里有哪些企业及其运行状况都描述得比较详细；中国水资源行业市场前景分析预测报告，将行业发展环境、行业竞争格局、行业盈利能力等描述得很详尽（见图4-2）。这些信息都是很好的参考。

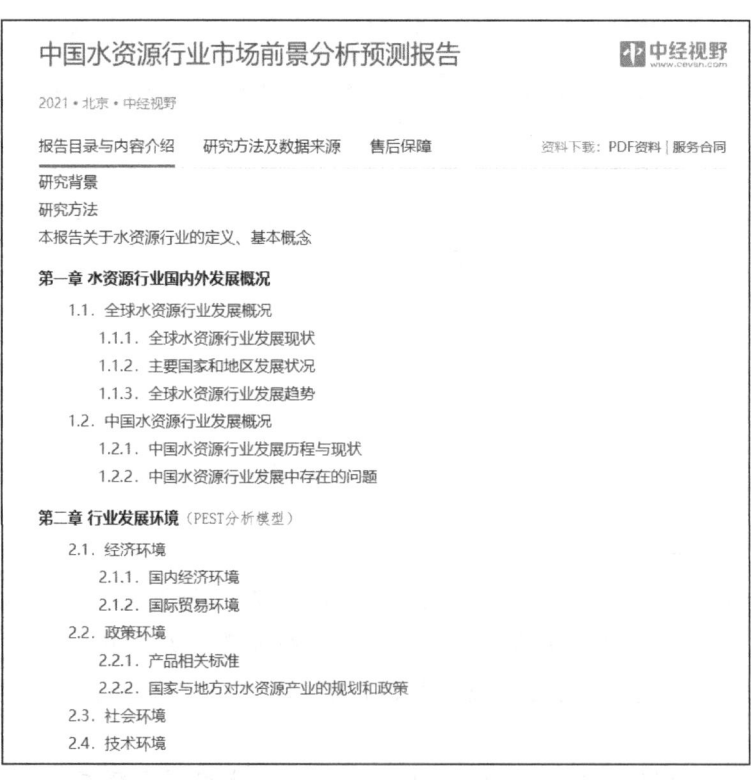

图 4-2 行业分析报告示例

很多上市公司的公告里（如招股说明书、年报等），往往有所在行业的分析，内容较可靠，可以参考。

3. 分析行业内主要厂家

创业者需要对行业内主要厂家进行分析，如厂家排名、行业的主要产品、主流技术、主要做法、营销渠道、商业模式等。可以通过百度搜索、炒股软件的行业分类，查找主要厂家（见图4-3）。

2019 人工智能企业综合实力 100 强名单

序号	企业名称	重点业务领域	序号	企业名称	重点业务领域
1	阿里巴巴	综合类	26	优必选	智能机器人
2	百度	综合类	27	地平线机器人	AI 芯片
3	腾讯	综合类	28	云从科技	计算机视觉
4	华为	综合类	29	云知声	语音识别与自然语言处理
5	科大讯飞	语音识别与自然语言处理	30	儒博科技	智能机器人
6	华大基因	智慧医疗	31	中星微电子	AI 芯片
7	海康威视	计算机视觉	32	数据堂	人工智能数据服务提供商
8	蚂蚁金服	智慧金融	33	触景无限	计算机视觉
9	字节跳动	信息分发	34	捷通华声	语音识别与自然语言处理
10	京东	AI 开放平台	35	格灵深瞳	计算机视觉
11	大疆创新	无人机	36	特斯联	人工智能物联网
12	小米	AI 开放平台	37	奥比中光	3D 传感技术
⋮			⋮		

图 4-3 行业主要厂家示例

4. 了解行业痛点

再进一步，创业者要了解行业痛点，比如快递业的劳动力成本太高，污染处理行业技术落后，传统银行业门店费用居高不下等。

5. 撰写行业分析报告

以上情况了解完以后，创业者就可以撰写行业分析报告，具体格式见实训模板 4-3。行业分析报告不是数据或资料的罗列，需要围绕分析的目的得到建设性的结论，如：

- 这个行业的未来成长性是否具有投资价值？
- 行业内的龙头企业是哪些？
- 行业内超越竞争对手的关键因素是什么？
- 行业内的企业是否能够走向资本市场或存在并购的机会？

4.3.4 行业分析中可能遇到的问题

行业分析中可能遇到以下问题：

（1）不知道产品属于哪个行业。可以根据产品的用途、结构，查找产品分类，判断产品属于哪个行业。

（2）行业范围太大。可以把大行业细分成若干子行业甚至孙行业，然后针对子（孙）行业进行调查。例如，汽车行业可以进一步分为汽车发动机行业、发动机化油器行业。

（3）不知道如何设计调查表，通过什么方法接触到被调查者。这属于调查方法问题，包括调查方式选择、调查设计、问卷设计、数据分析处理等。建议学习市场调查相关知识。

（4）调查收集的信息不知道如何处理。通常采用 SPSS、Matlab 等分析软件。如果是正规调查，需要先学习这些软件的使用方法。在调查设计时，就要考虑后期如何进行数据处理。

创业者可以在网上查找相关资料，了解调查的每个环节；也可以在网上查找类似的行业调查表。最后，创业者需要学习数据处理技术，分析、处理收集的数据。

4.3.5 行业分析的工具

行业分析工具主要有战略集团分析、波特五力分析模型、SWOT 分析模型、行业价值链分析、关键成功因素分析、价值创造系统分析等。这里只介绍波特五力分析模型。

根据美国著名战略管理专家迈克尔·波特（Michael E. Porter）的观点，在一个行业中，存在着五种基本的竞争力量，即潜在进入者、替代品、购买者、供应商以及行业中现有竞争对手间的抗衡，这是行业的五种基本竞争力量。波特五力分析模型是行业分析的基本工具，如图 4-4 所示。

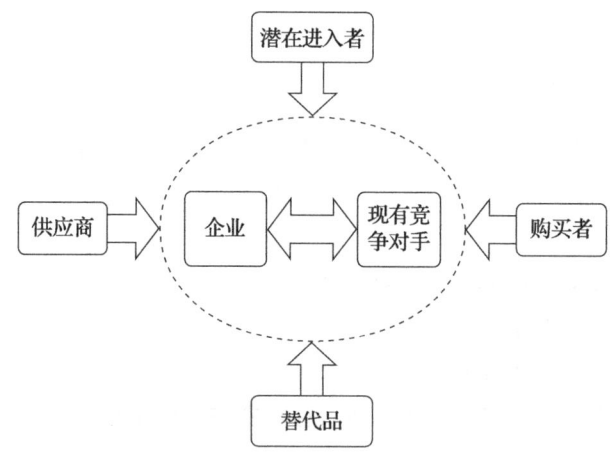

图 4-4 波特五力分析模型

要分析行业，就要对这五种力量进行分析，从而了解竞争状况，找到发展机会。

思考与练习

1. 什么是行业？行业分析有哪些内容？
2. 行业分析可以利用哪些工具？

创业实训

找出你的创业项目的行业分类,越细分越好;从网上查找该行业近几年的分析报告;设计调查问卷、访谈提纲;开始调查,收集调查数据。最后,撰写行业分析报告,格式见实训模板 4-3。

实训模板 4-3　行业分析报告结构

××行业分析报告

前言
概要
1　行业基本情况
　　1.1　行业的概述
　　1.2　行业发展的历史回顾
　　1.3　行业发展的现状与格局分析
　　1.4　行业发展趋势分析
　　1.5　行业的市场容量
　　1.6　行业销售增长率现状及趋势预测
　　1.7　行业主要财务指标
2　行业五力模型分析
　　2.1　供应商
　　2.2　购买者
　　2.3　潜在进入者
　　2.4　替代品厂商
　　2.5　行业内竞争状况
3　行业内主要厂家
　　3.1　厂家排名
　　3.2　行业的主要产品
　　3.3　主流技术和主要做法
　　3.4　营销模式
　　3.5　商业模式
4　行业痛点和面临的问题
　　4.1　行业痛点分析
　　4.2　行业面临的主要问题
5　行业分析结论

4.4　消费者调查

产品和服务只有满足消费者需求,才能得到消费者的青睐。消费者调查,就是为了了解消费者需求,为产品与服务设计、营销规划打下基础。

4.4.1 消费者调查基础知识

1. 消费者的概念

首先要了解几个和消费者相关的概念：用户、客户、顾客、消费者、客商。这几个概念之间是什么关系呢？

用户，又称使用者，是指使用产品或服务的人，关键是"用"，是和"购买者"相对应的。客户和顾客，都是指购买产品和服务的人，但客户更强调一种往来关系，而顾客强调消费关系且有一次性的。客商是商家，不是个人。所谓消费者，是指为达到个人消费使用目的而购买各种产品与服务的个人或最终产品的个人使用者。举例来说，可口可乐把产品卖给便利店（客户），便利店再卖给消费者。这几个概念，有时会混用。我们这里说的消费者调查，包含了用户调查、顾客调查，不再详细区分。

2. 消费者调查的含义

消费者调查，是对消费者个人的消费行为进行的调查，是针对消费者的使用习惯和态度的调查，又称 U&A 研究（usage and attitude research）。消费者调查是调查研究人员与调查对象直接或间接接触，使用专业化的记录方式记录消费者的意见和想法，所调查的样本量较大。所谓的专业化记录方式，是指使用调查问卷记录调查结果的方式。

消费者调查广泛应用于家电等耐用消费品以及食品、饮料、化妆品、洗涤品、日用品等快速消费品行业。

4.4.2 消费者调查的目的和内容

消费者调查的目的有：了解消费者需求；了解消费者行为；明确创业产品的消费对象；为后期营销系统设计提供依据。

消费者调查的内容包括：消费者分类、消费者对于产品的需求、消费者行为以及消费者画像；明确需求的特征；了解消费者是通过什么样的方式来满足需求的。

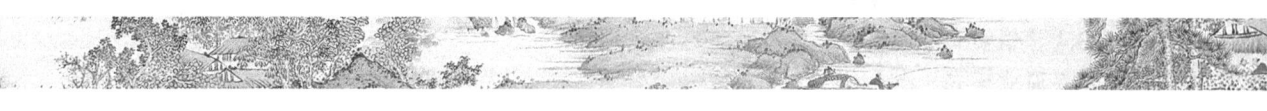

| 案例 |

日本某品牌啤酒消费者调查

在日本啤酒行业，啤酒厂规模很小，而且数量很多，全国有几千家。日本某品牌的啤酒销售效果一直未达预期，他们就开始做消费者调查，了解消费者是如何消费啤酒的。

该品牌啤酒厂首先通过调查来了解哪些人喝啤酒。调查发现：第一，大部分家庭以男性消费为主，女性喝啤酒的较少；第二，购买者大多数是女性；第三，女性买啤酒主要是看外观和品牌，男性主要关注酒的质量；第四，消费者大部分情况下都是去便利店购买啤酒，对便利店信任，认为便利店购买方便、价钱比较公道。此外，调查还发现，当时市场上的啤酒大部分都是650毫升的瓶子，很多男性喝不了那么多。

在调查的基础上,该品牌啤酒厂就把啤酒瓶的容量降到 500 毫升,把酒瓶设计成女性喜爱的卡通形状,颜色鲜艳,主要通过便利店销售。采取这些措施之后,啤酒销量大幅度增长。

4.4.3 消费者调查方法

消费者调查方法有直接调查方法和间接调查方法。

直接调查方法有问卷调查法、访谈调查法、观察调查法等,调查范围需要尽可能大,涵盖不同群体。要避免找熟人调查,避免调查单一的群体(如大学生),以免得出片面的结论。

间接调查方法主要是查询二手资料、借鉴别人的成果。一般来说,直接调查更可信,但是人力、财力投入也比间接调查大得多。

问卷设计、问卷调查过程,可以参考前面的市场调查。

消费者深度访谈是在创业过程中非常重要的方法。有一个创业者在网上卖丝巾,她卖第一条丝巾时,从晚上 8 点钟和顾客聊到第二天早上 1 点多钟,花了 5 个多小时,成交了第一单。但在这个过程中,她自我感觉收获很大,充分了解了消费者在买东西时考虑的诸多因素,对于改进网站及其营销方式有很大帮助。

创业者可以选择若干资深消费者进行深度访谈,这类消费者经常消费类似的产品,会有很多经验分享。和他们深入交流,探讨创业者要推出的产品,通过他们找到顾客的真实需求痛点,认真听取他们的意见,从而改进创业者的产品设计,让产品更加符合消费者需求。

创业者还可以借用别人的调查结果。在网上搜索消费者研究机构、市场调查公司等的相关研究报告,借用一些消费者调查数据(见图 4-5),再结合产品的特点和自己的调查结果,撰写消费者调查报告。

4.4.4 工业品的用户调查

1. 工业品的概念和特点

工业品(industrial product)是购买以后用于加工生产或企业经营用的产品。例如,汽车厂购买刮雨器,安装在汽车上一起出售,刮雨器就是工业品。消费品和工业品的区别就在于它们的购买目的不同。

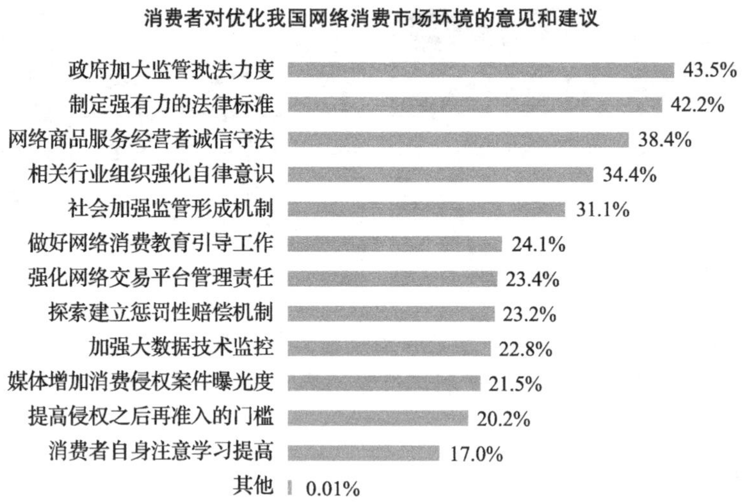

消费者对优化我国网络消费市场环境的意见和建议

- 政府加大监管执法力度　43.5%
- 制定强有力的法律标准　42.2%
- 网络商品服务经营者诚信守法　38.4%
- 相关行业组织强化自律意识　34.4%
- 社会加强监管形成机制　31.1%
- 做好网络消费教育引导工作　24.1%
- 强化网络交易平台管理责任　23.4%
- 探索建立惩罚性赔偿机制　23.2%
- 加强大数据技术监控　22.8%
- 媒体增加消费侵权案件曝光度　21.5%
- 提高侵权之后再准入的门槛　20.2%
- 消费者自身注意学习提高　17.0%
- 其他　0.01%

图 4-5　消费者调查示例

工业品用户包括企业、事业单位、政府等。工业品用户的特点是采购的数量多、批次少，一年可能就买一两次；工业品用户决策流程比较长，需要经过冗长的审批手续；工业品用户购买因素非常复杂，不像家庭消费者决策较为简单。

2. 工业品采购与销售的关键要素

工业品采购是为了保证生产、经营活动的正常进行而发生的采购行为。工业品包括原材料、零部件、基本设备、附属设备、系统集成与服务等，购买金额大，产品的使用时间长，决策谨慎，以致购买过程很长。

工业品销售的关键要素如下：

（1）品牌。工业品购买之后成为企业产品的一部分，影响本企业产品质量；采购金额较大、使用周期相对较长。因此，用户不敢冒太大风险去尝试从来没有听说过的新产品。

（2）资质。工业品采购，很多时候都需要招标，要求投标单位具备一定的资质，比如注册资金、企业规模、是否通过认证（如 UL 认证、ISO9000 认证、精益生产认证等）。

（3）行业标准。需要认定产品是否符合行业标准，这是证明一个产品是不是真正意义上过关产品的前提和门槛。

（4）产品性能。主要性能指标，是用户最关注的事项。

（5）价格。价格是一个不可忽视的因素，价格敏感型客户特别关注价格。

（6）售后服务。工业品一般使用周期较长，谁也不能保证产品使用过程中没有故障发生，因此，售后服务特别重要。服务过程中，快速响应越来越成为企业竞争力的主要指标，如果不能在第一时间为客户解决问题、提供完善的服务支持，客户就会抱怨甚至不再购买你的产品。

3. 工业品用户调查要点

工业品是单位购买、使用的，和消费品的营销有很大不同。工业品的采购，往往需要招标；购买决策过程中，参与者众多，包括采购部、技术部、生产部、财务部、质量部、使用部门及其他部门，甚至公司领导都要参与。因此，对于工业品的用户调查很困难。问卷调查很难选择调查对象，有效的办法只有访谈。可参考以下访谈计划，列出详细调查计划并实施。

工业品用户调查访谈计划

访谈目的：深入了解用户需求

调查对象：用户企业的相关人员（越多越好），如采购部、技术部、生产部、财务部、质量部、使用部门，能访谈到公司高层更好

调查内容：产品详细的用途、需求指标、质量、使用量（年、月）、现有供货商、采购价格、售后服务要求等

思考与练习

1. 什么是消费者、用户、客户、顾客，他们之间有什么区别和联系？
2. 消费者调查的目的和内容是什么？
3. 调查设计有哪些方法？
4. 什么是消费者深度访谈？
5. 工业品用户调查需要注意什么问题？

创业实训

1. 针对你的创业项目，进行消费者（或用户、工业品）调查设计并实施。
2. 撰写用户（或消费者、工业品用户）调查报告，格式参见实训模板4-4。

实训模板4-4　用户调查报告参考结构

××用户调查报告

概要

1　用户分类

2　调查表设计

3　调查实施过程

4　调查结果分析

　　4.1 答卷者特征分析

　　4.2 问卷逐题分析

　　4.3 问题汇总

　　4.4 用户痛点

5　用户调查结论

第 5 章
CHAPTER 5

产品开发

第 4 章介绍了外部的市场、行业和消费者调查,本章首先介绍产品整体概念,然后介绍产品技术方案设计、服务包与服务蓝图设计、市场定位、工艺开发,最后介绍产品研发计划。

5.1 产品整体概念

产品整体概念是指产品的五个层次概念,是产品开发的基础,对于产品进入市场具有重要意义。

5.1.1 产品整体概念基础知识

在市场营销中有一个产品整体概念,即将产品进一步细分成五个层次,分别为核心产品、形式产品、期望产品、附加产品和潜在产品,如图 5-1 所示。

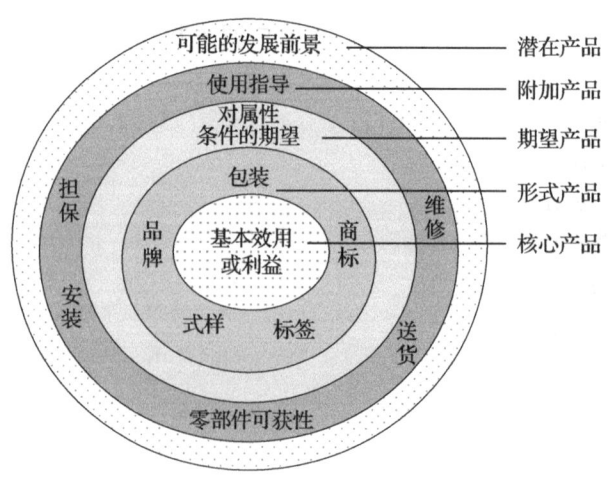

图 5-1 产品整体概念图

1. 核心产品

核心产品是指产品能够提供给消费者的基本效用或利益，是消费者真正想要购买的效用。每个具体产品都有至少一个基本的效用，比如冰箱的基本效用是提供冷冻、冷藏的空间，让人们可以放入各种各样的食物。汽车的基本效用是将人或货物从一个地方移动到另外一个地方。其实，消费者最想要的就是产品的核心效用。以空调为例，核心功能即为调节温度。市场上有很多不同形式的空调，如中央空调、壁挂空调等，但它们实现的核心功能都是一样的。

2. 形式产品

形式产品是产品在市场上出现时的具体物质形态，主要表现在品牌、式样、商标、包装等方面，是核心利益的物质载体。实现产品基本效用的方式有很多，比如汽车有货车、客车、轿车等各式各样的形式，它们的外形有的长、有的方、有的是圆形、有的有弧度等，这些都体现了产品形式的不一样，但是它们的功能都是把物体从一个地方移动到另外一个地方，这就是形式产品。再如空调的外壳、内部的遥控器、制冷原理都可能不同，这些东西都是产品的形式，我们称之为形式产品。

3. 期望产品

期望产品反映的是顾客在购买产品前，对所购产品的质量、使用方便程度、特点等方面的期望。当顾客购买了实际的产品消费者，就会将之和自己的期望进行比较。比如消费者想买空调，他就期望购买的空调可以制冷、操作方便、有遥控器、噪声比较小等，这些就是期望产品。实际买回来空调，和自己的期望比较后，消费者便会判断出实际产品比期望产品好还是差。如果实际购买的产品比期望的产品要差，消费者就会产生不满意、失望等感觉；如果期望和实际相符，就会产生满意的感觉；如果实际超出期望，就会产生惊喜，逐步产生品牌忠诚。

4. 附加产品

附加产品是指由产品的生产者或经营者提供的、购买者有需求的产品层次，帮助消费者更好地使用核心利益和服务。消费者购买产品的时候，除了核心利益、形式产品，往往还希望在物流送货、安装使用、维修保养等方面获得厂家的支持。

附加产品通常包括：提供信贷、免费送货、产品质量保证、安装、售后服务、培训、使用指导、修理维护、备件供应等。为了让消费者更好地使用产品，生产者需要提供一些附加的实物或服务。比如消费者购买空调后需要安装才能使用，而安装空调是一个技术活，很多厂家就会提供"买空调，免安装"服务，甚至免费送货、免费安装。这样消费者付款之后，等着安装人员到家里把空调安装调试好就可以了。随着厂家之间竞争加剧，附加功能很多时候成了必需的功能。有了附加功能，消费者会感觉到很方便，也更加愿意购买。

5. 潜在产品

潜在产品是在附加产品层次之外，由企业提供的、能满足顾客潜在需求的产品层次，主要表现为产品的增值服务，也是超出顾客预期的服务。比如空调一般在夏天和冬天用，三四月份的时候空调是不用的。空调长时间不用的话，就可能会有故障，因此有些空调厂家每年三四月份就会主动跟顾客联系，上门帮忙检查空调，以保证顾客夏天能够正常使用。这项服务顾客并没有提出来，而是厂家主动提供的。厂家这样做就会让顾客很满意，进一步提高顾客满意度。等空调到了使用年限、需要买新空调的时候，顾客就会考虑原来的厂家，也会向朋友推荐。从长期来看，这项"额外"的服务会对顾客产生潜移默化的影响。

5.1.2 产品整体概念案例：三只松鼠

近十几年，我国电商发展突飞猛进。三只松鼠借助电子商务平台，从默默无闻的企业一跃成为坚果类产品的明星。很多喜欢网上购物的人都知道，三只松鼠非常有名，它的产品除了口感不错、网上宣传好以外，从一开始创意就非常好。

三只松鼠从消费者消费的整个过程对产品进行创意，强调消费者体验，一系列措施都是为了提升消费者的使用体验，使其成为坚果类的消费冠军。下面分析三只松鼠整体产品的五个层次。

1. 三只松鼠的核心产品

坚果产品的第一个层面——核心产品是果肉。消费者购买坚果，主要是想吃坚果里面的果肉，这是产品的核心属性。从消费者角度来看，消费者希望果肉口感好、又香又甜又脆，而且色泽新鲜，一眼看上去就能产生美味的联想。

为此，三只松鼠优选坚果原料，在全国乃至全世界寻找优质坚果供应商，要求果实饱满、颜色鲜艳，充分保证坚果的质量。三只松鼠自己不加工坚果，它们委托国内生产坚果工艺比较好的企业来生产，在加工过程中采用科学配方，因此生产的坚果口味好、很新鲜。

2. 三只松鼠的形式产品

三只松鼠采用纸袋包装坚果，保证了坚果的新鲜。外包装采用定制的纸质快递箱，内外包装都体现了环保意识。

三只松鼠提供一系列器具，方便消费者食用坚果。提供开口器，方便消费者打开坚果；提供餐巾纸，方便消费者清洁口、手；提供垃圾袋，方便消费者将果壳装起来；还提供一本很小的手册，介绍果实是在什么地方采摘的、坚果的食用方式等。这些就是三只松鼠的形式产品。

3. 三只松鼠的期望产品

和其他坚果类产品相比，三只松鼠外观更加靓丽，吃起来更方便。三只松鼠印刷的纸袋子上面，有三只小松鼠，突出了品牌形象。口感、包装和消费过程的便捷性往往超出消费者的期望。

4. 三只松鼠的附加产品

三只松鼠提供开口器、餐巾纸、果壳垃圾袋给消费者。三只松鼠的坚果在加工时会在坚果表面开一个开口。这个开口有两个作用。第一个作用是加工的时候可以通过这个开口使香料渗透到果肉里去，让果肉更加美味。第二个作用是吃的时候把开口器插进去再旋转，可以方便地打开果壳吃到果肉。三只松鼠附加的几样器具会让消费者感觉到消费起来非常方便。

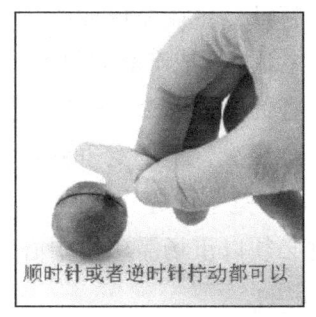

5. 三只松鼠的潜在产品

三只松鼠除了线上售卖以外，还开了很多体验店，给消费者带来了许多欢乐。比如一些门店不仅有琳琅满目的商品，还有小朋友可以玩的娱乐项目，让消费者在消费三只松鼠的产品的同时，能够体会到欢乐。

三只松鼠在核心产品、形式产品、期望产品、附加产品、潜在产品五个方面都十分用心，按照消费者购买、消费的整个过程对产品进行创意，整体产品创意非常领先，因此在市场上深受消费者喜爱。

5.1.3 产品整体概念的市场意义和企业经营意义

1. 市场意义

产品整体概念对市场的意义表现在以下几个方面。

（1）它以消费者的利益为核心，是企业贯彻市场营销观念的基础。企业站在消费者的角度思考问题，尽量满足消费者的基本利益。而消费者利益包括功能性和非功能性两方面。比如消费者购买手机时，在上网速度、拍照、款式等方面都有需求。消费者在购买产品时往往会同时考虑功能性和非功能性需求。而产品整体概念要求企业尽全力通过有形产品和附加产品来满足消费者对核心产品包含的功能性和非功能性的要求。不懂产品整体概念的企业不可能真正贯彻市场营销观念。

（2）产品整体概念将产品分为五个层次，企业只有采用五个层次的最佳组合才能确定产品在市场中的地位。企业要把提供给消费者的有形产品和无形服务看成一个整体。对营销者来说，产品越能以一种易觉察的形式来体现消费者购物选择时所关心的因素，就越能获得好的产品形象，进而确立有利的市场地位。

（3）企业想要在激烈的市场竞争中立足，就要打造自身特色。而产品差异则是打造产品特色的关键。不同产品的差异表现在功能或与之联系的其他因素上。比如产品附加的各种服务，可以构成产品的特色。在产品整体概念的几个层次上，企业都可以形成自己的特色，以与竞争产品区别开来。

2. 企业经营意义

产品整体概念对企业经营的意义表现在以下几个方面。

（1）表明产品的有形和无形特征。企业在设计产品时，不仅要提供核心功能，还要注重与产品联系的无形特征，这些都是形成产品竞争力的重要因素。

（2）产品整体概念是一个动态的概念。为了适应市场中消费者需求的不断提高，产品整体概念向外延伸，每延伸一个层次，市场竞争就会在一个新的领域展开。如果企业在某些方面领先同行，就能取得局部竞争优势。

（3）对产品整体概念的理解必须以市场需求为中心。产品整体概念表明，一个产品的价值是由消费者而非生产者决定的。

（4）产品的差异性和特色是市场竞争的重要内容。因此企业需要在产品整体概念的五个层次上对产品进行创意设计。

（5）把握产品的核心内容可以衍生出一系列有形产品。企业把握核心产品，对产品的表现形式加以创新设计，便可开发出一系列新产品。

服务产品因为是无形的，就不是五个层次的概念，而是服务包的概念，将在后面的章节讨论。

思考与练习

1. 产品整体概念包含哪些层次？
2. 在产品整体概念中最基本、最主要的部分是什么？
3. 根据产品整体概念，附加产品的构成要素有哪些？
4. 产品整体概念对企业经营有什么意义？

创业实训

请对你的产品进行整体创意，并写出设计表，格式参考实训模板 5-1（见表 5-1），其中的项目可以根据你的具体产品增减、调整。

实训模板 5-1　产品整体概念设计

表 5-1　产品整体概念设计表

产品整体概念	属　性	具体化
核心产品	基本效用或利益 独特性	
形式产品	款式 包装 质量 品牌 特色	
期望产品	质量 方便性 显著特点	
附加产品	使用便利性 售后服务	
潜在产品	增值服务 顾客惊喜	

5.2　产品技术方案设计

产品技术方案规划了采用什么技术、工艺，将产品一步步生产出来。我们首先学习技术方案的概念及其在产品研发过程中的重要作用，然后介绍产品技术方案的设计步骤，最后学习评估技术方案的五个指标。

5.2.1 产品技术方案设计基础知识

产品技术方案的设计是指在产品的整体概念设计之后，规划采用什么技术方案将产品一步步生产出来。在生产之前，创业者就要思考产品的功能是如何实现的，是应用了机械原理、电气原理、计算机原理还是其他原理，这些是组成产品的技术。

1. 技术方案的概念

技术方案是为了研究解决各类技术问题，有针对性、系统性地提出的方法、应对措施及相关对策。它包括科研方案、生产方案、技术措施、技术路线、技术改革方案等。

例如，创业产品是一个家用应急灯。应急灯的功能是，当出现停电时，应急灯自动打开照明，恢复供电时，应急灯延迟几分钟关闭。这个产品长期插在插座上，有电源感应、自动开关、延时等功能。应急灯需要外壳、感应控制器、开关、灯泡等组件。创业者需要针对每个部件，研究采用什么技术方案实现。比如开关、灯泡，肯定是买市场上现有的。外壳可以委托塑料加工厂加工。感应控制器需要自己开发：采购各种元器件、进行软件编程，其中需要电子、电气、软件开发等技术。最后把各种东西组装在一起调试。

2. 技术方案在产品研发中的作用

技术方案是规划如何将产品生产出来，有了技术方案，才会有后续的产品研发等工作。产品研发期一般分为样机试制阶段、设计定型阶段、生产定型阶段。而技术方案是贯穿于上述每个阶段的一项工作。技术方案在产品研发中发挥着重大作用，具体如下。

（1）保证产品研发顺利进行。只有确定了先进、高效的技术方案，才能确保有序的研发流程，保证研发过程顺利进行。所谓顺利进行，即按照选择的技术方案，能顺利地把产品设计、制作出来。在技术方案的执行过程中，需要对人员、机械设备等进行合理整合、管理、调配，实现资源利用的最大化，最大限度地节省研发时间，提高研发的效率，保证产品的实现。

（2）控制研发过程的成本。产品研发过程需要大量的资金投入。因此，在前期需要做好充分的预算工作，而资金的预算是以技术方案为前提的。在技术方案中要说明各种资金的用途，避免研发过程中资金的不当使用。

（3）为后续的评估提供依据。产品研发出来后，我们需要对产品进行评估，而前期的技术方案就是产品评估的重要参考。

5.2.2 产品技术方案设计步骤

产品技术方案设计遵循以下几个步骤。

1. 产品结构分解

产品技术方案设计首先进行产品的结构分解,将产品分成若干个部分,然后分别研究各个部分。例如生产一台空调,首先对空调进行分解。空调有外机与内机。外机有散热系统、风扇等,内机有压缩机、制冷叶片、风扇等,这就是分解。当然分解不单针对产品本身,还包括附件、包装等。空调在运输途中容易损坏,哪些部分需要用泡沫填充,哪些部分需要固定,安装时需要哪些附件?要解决这些问题,都需要进行产品结构的分解。

图 5-2 展示了一个运动手环的结构分解。运动手环的主要功能是记录运动过程中使用者的心率及运动步数和睡眠情况,基于这两项基本功能,可以将它分解成三个模块。中间的模块是移动终端,用于监测用户的使用数据;左边的模块是天线匹配,右边的模块是蓝牙/NFC,二者负责进行通信。蓝牙/NFC 通过天线将手环与手机连接起来,因此数据可以传到手机上。将手环分解成若干模块,创业者就可以分别对每个模块进行研发。

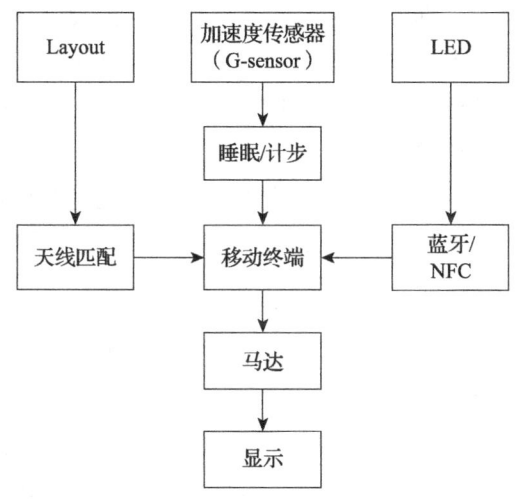

图 5-2 运动手环的模块分解

资料来源:电子产品世界搜狐号。

将产品分解成若干模块之后,还需要对每个模块继续分解,直到分解成最具体的元器件、材料。

2. 自制/外购决策

自制/外购决策,是指决定哪些模块自制,哪些模块外购,哪些模块外加工。比如空调的压缩机,有专业生产压缩机的厂家,因此我们选择外购。但是对于空调散热系统,往往买不到通用的,因此就要自制或委外加工。

自制/外购决策需要考虑如下因素。一是市场上是否有需要采购的对象。如果市场上有,创业者应尽量花钱买,这样就具有成本优势。二是产品的预期性能。如果市场上有相似的零部件，但性能达不到创业者的要求，可能就需要自制。三是价格因素，尽量选择性价比高的东西。四是保密性，如果将核心部件委外加工，那么别人容易仿制产品。而如果自制核心部件，别人就比较难以仿制。还有一个因素是供货状况，即能否获得零部件。比如在中美贸易战中，美国政府禁止美国公司卖芯片给华为，如果华为没有事先准备，就面临着断货的风险。

一般情况下，市场上没有或技术要求特殊的核心部件，企业会采用自制的策略。而对于标准件、常规件、技术含量比较低的零件或包装物，企业通常采用外购的方式。还有些非标准件，企业自身加工不了，需要采用委外加工的方式，由企业提供设计图纸，委托其他公司加工。

3. 制订研发方案

制订研发方案，就是对关键自制件制订研发计划。每个产品都有一些核心部件，核心部件技术含量非常高，比如电动车的控制系统要求就很高。如果创业者研发了更好的控制系统，使得电动车更快、更省电，其电动车就更有竞争优势。

关键自制件的研发计划，包括硬件的研发、软件的研发、样品制作等。软件的研发包括控制软件、管理软件、平台软件等的研发。控制软件用于控制产品的运行；管理软件是方便管理人员对系统进行管理，方便非专业用户使用产品；平台软件为系统的硬件、使用者、管理者等提供基本支撑。

进一步，还需要设计制造工艺。工艺设计过程就是把自制件从图纸变成生产过程中的工序、工艺，按工艺生产出产品。后面的 5.5 节将介绍工艺开发具体方法。

4. 测试方案

测试方案，也就是设计如何测试产品的性能。产品做得好坏，需要对技术指标进行测试。测试分为企业内部测试和第三方测试。

企业内部测试就是企业自己对产品性能进行测试，如测试它的强度、硬度、耐久性、温度的变化、湿度的变化等。比如汽车零件厂生产车门，需要测试它的性能。要搭建一个测试台，让机器人不断地将车门拉开、关上，测试 100 万次，然后再检查这个车门是否变形，哪些地方有磨损。只有保证上百万次的开关都没有问题，车门的性能才能经得起市场的检验。对一些部件，可以搭建测试台进行测试，然后根据测试反馈的信息改进设计。在产品研发过程中，往往不可能一次性就通过测试，需要经过多次测试。单个部件测试之后，需要对产品的整体性能进行测试，看各部分组合在一起之后的性能指标。

第三方测试是指产品销售之前，委托第三方检测。委托第三方检测的原因有：国家对这种产品有强制检测要求，如奶粉、刹车片等；第三方测试结果容易得到用户认可，增加顾客购买的信心，比如很多化工品，第三方机构提供的指标是购买决策的主要依据。当然，如果国家没有强制要求，检测指标也不重要，就不需要送到第三方进行检测。

5. 制订装配方案

产品不论是企业自己装配还是请别人装配，都需要制订产品的装配方案。

装配方案就是将各种零部件装成产品的计划。产品装配，有时候需要建生产线，购买各种各样的设备，需要生产人员设计生产节拍，计算产能。如果企业自己装配，优点是便于控制，想生产就生产，想停就停，缺点是投资比较大、需要专业人员。如果选择装配外包，就需要选择有能力、有资质的合作伙伴。比如苹果公司并没有手机生产线，它委托中国的富士康等企业进行装配。这两种方式各有优缺点，要根据公司的定位来选择。有的企业不仅自己研发，自己也进行装配，如海尔等家电企业。有的企业装配一律外包，比如苹果公司、耐克等，企业本身只做研发，不生产，把生产过程外包给别的企业。

5.2.3 服务产品的技术方案设计

除了有形产品，还有无形的服务产品。服务产品又可以分为纯服务产品、无形服务+有形产品。

纯服务产品提供的服务是纯无形的，如移动通信、上网服务等。纯服务产品的技术方案，要设计其中需要通过技术手段实现的部分，比如游戏软件公司就需要设计游戏软件的开发方案，往往需要利用云平台、大数据等外部资源。

对于"无形服务+有形产品"中的有形产品部分，要制订研发方案。比如企业投资建设充电站是有形的，但充电站所提供的"充电"服务是无形的。这项业务包括充电站设备的安装、汽车充电流程等，服务过程需要设计服务方案。其中充电站需要充电桩，这是有形产品。企业可以在市场上购买充电桩，也可以自己研发。若企业自己研发充电桩，就需要制订研发方案。

5.2.4 产品技术方案的评估

技术方案设计之后要进行五个方面的评估。一是技术可行性，评估技术方案能不能实现预期的性能指标。若技术方案难度过高，而技术能力达不到要求，就无法实现预期目标。二是经济性，需要比较若干技术方案，找到性能好、实现成本较低的方案。三是要考虑开发进度，市场竞争非常激烈，早一天把产品研发出来并推向市场，就早一天获得收益。四是可靠性，如果产品的使用可靠性不高，消费者肯定会有意见，消费者就会转而选择竞争对手的产品。五是运营成本，也就是消费者在使用过程中花费的成本，比如汽车的油耗。降低运营成本可以让消费者获得更多的利益。

■ 思考与练习

1. 什么是产品技术方案？
2. 制订产品技术方案有哪些步骤？
3. 评估产品技术方案包括哪几个方面？

创业实训

为你的创业项目制订技术方案,并进行评估,撰写技术方案设计与评估报告,结构见实训模板 5-2。

实训模板 5-2 技术方案设计与评估报告

1 产品概述
2 产品技术方案设计
　2.1 产品结构分解
　2.2 自制/外购决策
　2.3 研发方案
　　2.3.1 整机工作原理
　　2.3.2 主要部件研发方案
　　2.3.3 研发费用测算
　　2.3.4 研发进度计划
　2.4 测试方案
　　2.4.1 主要部件测试方案
　　2.4.2 整机测试方案
　2.5 装配方案
3 产品技术方案的评估
　3.1 技术可行性评估
　3.2 经济性评估
　3.3 开发进度评估
　3.4 可靠性评估
　3.5 运营成本测算
4 评估结论

5.3 服务包与服务蓝图设计

对于服务类的创业项目,通过服务包与服务蓝图的设计,可以明确服务的内容、相关者、流程等细节,让服务项目清晰明了,提高服务的效率和质量。

5.3.1 服务的含义及特点

服务是一方能向另一方提供的基本上是无形的任何活动或利益,并且不导致任何所有权的产生。比如顾客去理发,理发师向顾客提供的就是修剪头发的服务,过程中没有所有权变更。

服务的产生可能与某种有形产品联系在一起,也可能毫无关系。比如看电影,没有有形产品，仅仅是看了电影。如果是餐饮服务业，就需要菜肴、餐具，还需要消费的环境，这些都是有形产品。因此，就服务而言，既有纯服务，也有无形服务和有形产品的组合。

服务的主要特点是无形性、不可储存性和异质性。无形性是指服务无形、不可触摸。比如看电影，观众只是在看的过程中获得感受，并没有实质的产品交付，这就是无形性。不可储存性是指服务不能像产品一样储存起来。比如电影放完了，服务就结束了，不能把放映过程存下来；再如飞机票价值很高，但是飞机一旦起飞，飞机票就没有价值了。因此服务产品是不能储存的。服务的异质性是指同样的服务，不同的接受者感受不一样。比如对同一部电影的评价，有的人觉得电影很好看、很震撼，另一些人可能觉得无聊；再如我们在餐馆吃饭，同样的一桌菜，有人说很好吃，有人说不好吃。这些都体现了服务的异质性特点。

5.3.2 服务包的设计

1. 服务包的概念

在设计服务产品过程中，有一个概念叫服务包。服务包是在一定的测试环境中能为人们提供服务体验的无形服务＋有形产品的一个组合。服务包概念是服务产品概念的发展，是把服务过程拆分成若干部分，既面对顾客消费服务的整个过程，又针对服务提供者需要做的各项准备工作。服务包设计的目的是使得服务系统能产生好的效果，让顾客满意。

2. 服务包的组成要素

服务包由五个要素组成：显性服务、辅助性设施（服务环境）、辅助性物品、支持性服务和隐性服务。

（1）显性服务。显性服务，即最终顾客接受的服务。比如病人的牙齿出现问题，牙医将病人的牙齿换掉，或者将牙齿修复，使病人免除牙痛就是牙医的显性服务。

（2）辅助性设施（服务环境）。辅助性设施又称服务环境。比如提供医疗服务的医院的建筑及医疗设施。在牙科诊所，有电动牙科椅，病人躺在上面，医生操作起来比较方便，病人也感觉比较舒服。辅助性设施会提高整个服务的质量，为顾客带来便利。

（3）辅助性物品。辅助性物品是指服务过程中需要提供的一些物品。比如汽车修理服务需要新零件，用于替换损坏的零件，修补牙齿需要陶瓷材料，这些都是辅助性物品。

（4）支持性服务。支持性服务就是为显性服务提供支持的服务，它对整个服务过程起到支持性的作用。比如牙医给病人看病之前，需要了解病人的病史，以便发生突发情况时能有效应对，病人档案整理就是支持性服务。

（5）隐性服务。隐性服务是指顾客感受不到甚至想象不到的后台活动。比如银行办理个人业务时，密码键盘上面有个罩子，防止别人偷窥客户密码，银行无形中在帮助客户保护隐私；医生看病时，会将空间隔起来，不让别人偷窥以保护病人隐私。这些都是隐性服务。隐性服务往往可以成为企业的核心竞争力，是竞争者无法效仿和做到的。

3. 服务包的设计过程

第一，从显性服务要素入手。显性服务是服务产品的功能核心，常常表现为前台服务，其他要素都要围绕这个要素来展开。比如牙科诊所中，各种工作都围绕给病人治疗牙齿这项显性服务展开。

第二，分析服务产品所带来的隐含性的心理利益——隐性服务。需要根据显性服务设计好隐性服务，保护病人的隐私和安全。

第三，根据显性服务和隐性服务的内容设计支持性服务，比如为了让病人治疗的体验更好，使用专用的电动牙科椅提高治疗效果，这是支持性服务。支持性服务有时是后台的工作，比如邮局的分拣和运输系统，要强调效率和结果。

第四，设计辅助性物品，比如修复牙齿，需要用陶瓷、合金等材料，没有这些材料，无法完成修复工作。服务结束以后，可以向顾客赠送小型纪念品或纪念性日用品，让顾客更加满意。

第五，考虑服务的有形要素，设计辅助性设施，如病人的等候区、茶水间、休息室等。

5.3.3 服务蓝图设计

1. 服务蓝图的概念

服务包设计完成后，就需要考虑怎么让顾客享受这个服务，需要设计服务蓝图。服务蓝图是详细描绘服务系统与服务流程的图片或地图。服务过程中涉及的不同人员可以理解并客观使用它。这些人员包括顾客、前台服务人员、后台作业人员及其他相关人员。

2. 服务蓝图的作用

服务蓝图直观性强、易于沟通、易于理解，其作用主要表现在以下几个方面：

- 促使企业全面、深入、准确地了解所提供的服务，有针对性地设计服务过程，更好地满足顾客的需要。
- 有助于企业建立完善的服务操作程序和质量标准，明确服务职责，有针对性地开展员工培训工作。
- 有助于理解各部门的角色和作用，增进提供服务过程中的协调性。
- 有利于企业有效地引导顾客参与服务过程并发挥积极作用，明确质量控制活动的重点，使服务提供过程更合理。

- 有助于识别服务提供过程中的失败点和薄弱环节，改进服务质量，让顾客享受满意的服务。

3. 服务蓝图的构成

服务蓝图包括顾客行为、前台员工行为、后台员工行为和支持过程。顾客行为是指顾客从进入服务场所、享受服务到离开服务场所所经历的整个过程的行为；前台员工行为是指前台员工迎接顾客、为顾客提供指引、提供各种服务的行为，在此过程中，员工和顾客密切接触；后台员工行为和支持过程是指为前台服务提供的各种资料、物品、信息系统等支持性活动。

服务蓝图的 4 个主要构成由 3 条分界线分开。

第 1 条是外部互动分界线，表示顾客与组织间直接的互动。如果有一条线垂直穿过互动分界线，就表明顾客与组织间直接接触或一个服务接触产生。

第 2 条是可视分界线，把顾客能看到的与看不到的服务行为分开。比如，在医疗诊断时，医生既进行诊断和回答病人问题的可视或前台工作，也进行事先阅读病历、事后记录病情的不可视或后台工作。

第 3 条是内部互动分界线，用来区分服务人员的工作和其他支持服务的工作及工作人员。

4. 服务蓝图的绘制步骤

（1）识别需要制定蓝图的服务过程。
（2）识别细分顾客对服务的经历。
（3）从顾客的角度描绘服务过程。
（4）描绘前台与后台服务人员的行为。
（5）把顾客行为、服务人员行为与支持功能相连。
（6）在每个顾客行为步骤加上有形展示。

5.3.4 服务包与服务蓝图的设计案例

|案例 1|

餐饮业的服务蓝图

从就餐的顾客角度来看，餐厅的服务过程可以描述为：顾客到达餐厅，获取菜单，排队等待点餐，服务员给顾客安排就餐位置，顾客等待食物，服务员将餐食送至顾客，顾客用餐，餐后离开餐厅。

在整个服务过程中，前台服务员工行为主要有：欢迎顾客，给顾客安排位置，接受顾客点餐，给顾客送餐，欢送顾客，打扫、清理餐桌和地面。后台服务员工的行为主要有：采购食材，清洗食材，根据顾客订单准备食物，清洗餐具。

顾客在到达餐厅时可以看到餐厅的整体外观、设施布局以及员工仪容仪表；顾客在接受服务员接待获得菜单进行点餐时，可以看到员工表现、食物材料，还会经历支付过程；顾客在餐厅就座时，可以看到餐厅内部各种基础设施；顾客在获得食物时可以看到、品尝美味的食物。整个过程服务蓝图如图5-3所示。

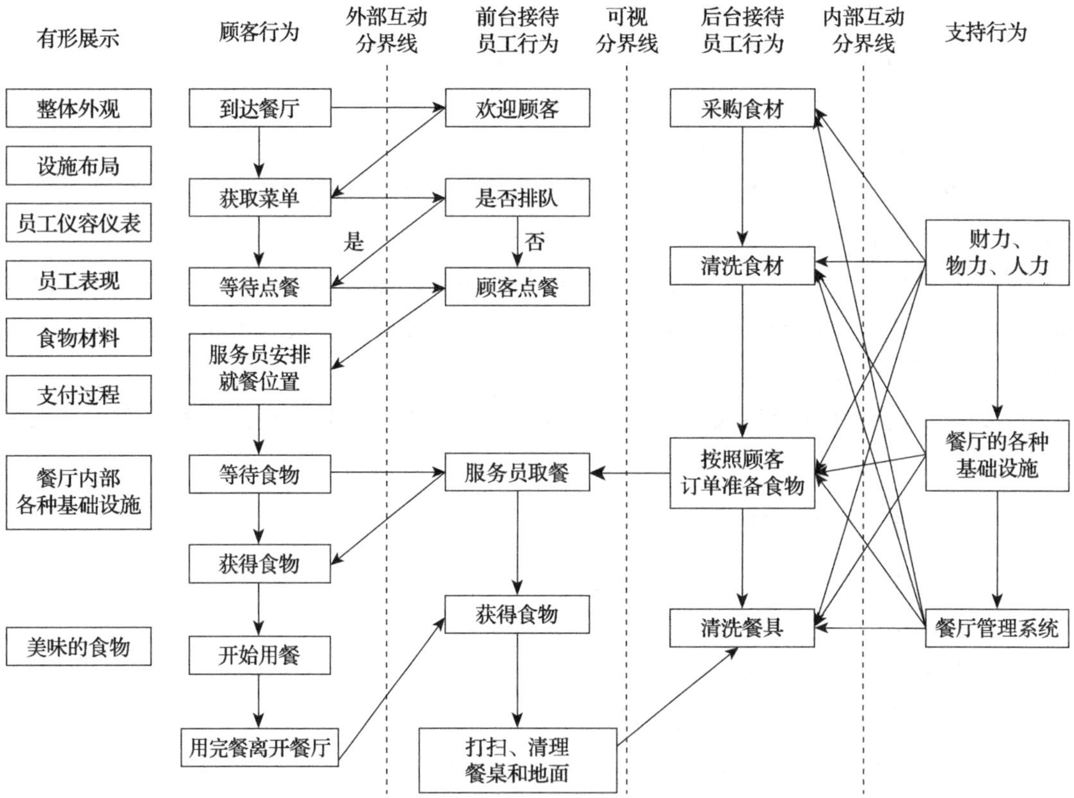

图 5-3 餐饮业服务蓝图设计

| 案例 2 |

火锅店的服务蓝图

图5-4所示是一家火锅店的服务蓝图，过程和餐厅的类似。顾客到达火锅店，服务员引导其进入一个小的卡座，然后顾客扫码点菜，服务员送餐，顾客用餐，餐后抽奖，顾客拿返券、停车券离开火锅店。前台负责接待引导、引领顾客、点餐、送餐、送客。后台做支持活动，包括准备宣传海报、外购食材、开发点餐系统App等。虽然是一家小火锅店，但是一整套的服务流程必不可少，这样就不会对顾客的要求有遗漏，顾客就会比较满意。

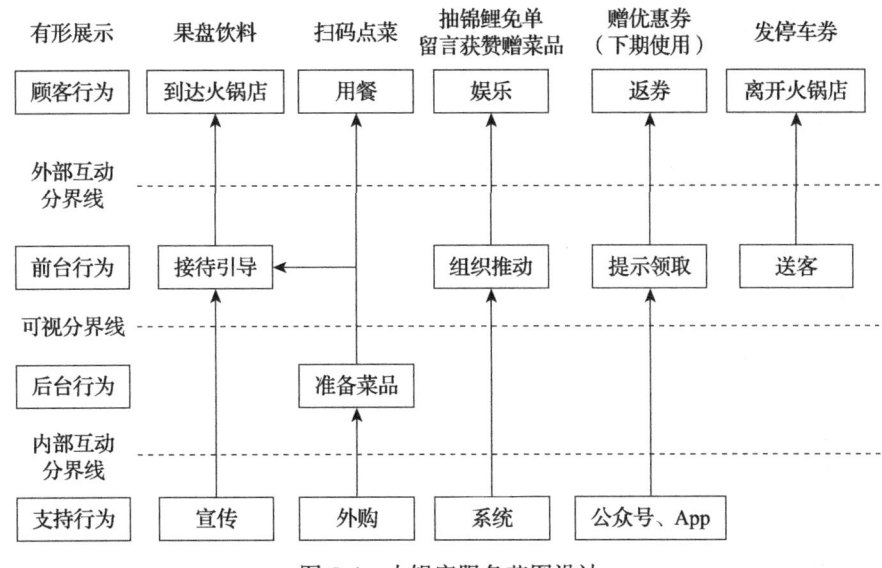

图 5-4 火锅店服务蓝图设计

| 案例 3 |

风波庄的服务蓝图

　　风波庄是总部在合肥的连锁餐饮企业,在全国有 600 多家分店。饭店面向低收入的打工者和年轻群体,把江湖文化融入餐饮经营中,很有特色。风波庄的服务,从顾客进门,就有小二(店员)高声招呼"华山派(或其他门派)客人到",其中门派称号对应包厢名称;小二引导顾客入座;快速上餐食、酒水,不用顾客点菜(如果顾客不喜欢,小二可以立即端走);菜品和用具均用武侠称呼,比如勺子称为"小李飞刀",筷子称为"双节棍";饭店备有定制的酒水、饮料;送客用语是"青山不改,绿水长流,后会有期",处处体现江湖文化。在通用的餐馆服务蓝图上加上武侠文化,别有一番滋味。读者可以根据以上描述,画出风波庄的服务蓝图。

◆ 思考与练习

1. 什么是服务?
2. 服务有什么特点?
3. 什么是服务包?
4. 设计服务包有哪些步骤?
5. 什么是服务蓝图?
6. 服务蓝图有什么作用?

◆ 创业实训

　　请设计你的创业项目的服务包、服务蓝图,并写出服务包与服务蓝图设计报告,画出你的创业项目的服务蓝图。结构参考实训模板 5-3。

实训模板 5-3　服务包与服务蓝图设计

1　服务描述
2　服务包设计
　2.1　显性服务
　2.2　隐性服务
　2.3　支持性服务
　2.4　辅助性物品
　2.5　辅助性设施（服务环境）
3　服务蓝图设计
　3.1　顾客行为
　3.2　前台员工行为
　3.3　后台员工行为
　3.4　支持过程
4　服务蓝图及其解释

5.4　市场定位

市场营销中有一套成熟的市场定位理论叫 STP，是由美国著名营销专家艾·里斯（Al Ries）与杰克·特劳特（Jack Trout）于 20 世纪 70 年代初提出来的。S 代表市场细分，T 是选择适当的目标市场，P 是产品定位。

5.4.1　市场定位理论

STP 理论是战略营销的核心内容。企业在销售产品或服务时，首先要想到进行市场细分、目标市场选择和产品定位。STP 理论是指企业在一定市场细分的基础上，确定自己的目标市场，最后把产品或服务定位在目标市场中的一个确定位置上。这个过程可以分为三部分。

1. 市场细分

市场细分首先需要确认细分的变量。比如按照年龄，消费者可以划分为少年、青年、中年和老年；按职业可以分为工人、农民、教师、公务员、公司职员等。市场细分可能有若干变量。比如使用健身器材锻炼身体的人有中年和老年、教师和公务员，因此它就有至少两个变量：年龄变量和职业变量。细分市场时考虑的变量越多，市场定位就越精准。市场细分是目标市场选择和产品定位的基础，这个过程需要进行大量的市场调查。

2. 目标市场选择

目标市场选择，就是在衡量各细分市场吸引力的基础上，选择最有价值的细分市场。比如经过调研、细分，产品有 5 个潜在的细分市场。可以根据每个细分市场的吸引力和需求量，选择一两个目标市场。

3. 产品定位

产品定位是针对消费者或用户对某种产品某种属性的重视程度，树立产品在市场上一定的形象，从而使目标市场上的顾客了解和认识本企业的产品。根据产品定位，再拟定营销组合。首先确定产品地位，比如把手机推向中老年市场，手机的价格不能太高，颜色应稳重，屏幕和键盘要大。接下来确定营销组合，比如老年手机的买主是喜欢上网的子女，应主要采用线上销售而不是线下销售，配合一定的促销活动。

5.4.2 定位理论的应用

定位，就是令自己的企业和产品与众不同，就是建立鲜明的品牌形象，形成核心竞争力。定位就是在消费者心智中寻找一个空白点，扎扎实实地占据，不被别人抢占。定位理论的核心是"一个中心和两个基本点"：以打造品牌为中心，以竞争导向和抢占消费者心智为基本点。定位理论的应用主要在市场、产品和服务方面。

1. 市场的定位

产品是有形的，服务是无形的，但最终目标是将产品和服务卖给消费者，因此创业者要紧紧围绕消费者的想法来创造自己的产品。以左撇子工具为例，调查发现：德国 11%的人是左撇子。市场上商店里面卖的各种各样的工具，基本上都是右手使用的，左撇子用不了，但是左撇子也希望买到合适的工具。于是有人开了一家"卓越"工具公司，专门生产、销售左撇子使用的工具，生意做得非常好。创业有时就是这样，市场虽然比较小众，但是有特色，能解决消费者的问题。

2. 产品的定位

创业者需要通过调查发现产品的适用人群，从中找到最需要该产品的客户，这类客户称为利基客户。例如，血糖仪每个人都需要，糖尿病患者更是离不开，糖尿病患者就是血糖仪的利基客户。选择这类人群为目标对象，考虑目标顾客的定位，然后围绕目标客户制定一系列的营销对策，这就是产品的定位。

3. 服务的定位

服务是无形的，因此创业者要通过市场调查发现自己推出的服务能为顾客解决什么问题，适合哪些顾客，找到所有可能的顾客，然后，从中筛选出最需要该项服务的顾客，也就是找到服务产品的利基客户。例如，演讲课程很多人都需要学习，营销人员尤其需要，营销人员就是演讲课程的利基客户。应选择利基客户作为目标客户，然后再围绕这些目标客户制定一系列的营销对策。

5.4.3 市场定位案例

|案例 4|

美国西南航空公司的定位

美国西南航空公司成立于 1971 年,当时市场上已经有很多航空公司,如美国航空、美国联合航空等。如果仿照其他航空公司的模式来经营,西南航空公司很难在激烈的竞争中战胜老牌航空公司。经过市场调查,西南航空公司发现乘坐飞机的人中,有很大一部分是经常出差的人,他们的需求是更低廉的票价、可靠安全的航班、舒适的客舱、快速的登机流程以及良好的客户服务。这部分顾客并不要求乘坐飞机时的豪华享受,只是把飞机当成交通工具。因此西南航空公司将自己定位为廉价航空,通过简易的飞机装修、取消航空餐等来降低成本,增加航班密度,方便乘客改乘相同目的地的航班,通过各种互动性活动增加乘坐飞机的乐趣。

通过这种定位,西南航空公司避开了与各大老牌航空公司的正面交锋,另辟蹊径去占领一个别人不珍惜,但是潜力巨大的低价市场。西南航空公司的定位是廉价航空,针对的就是出差人群,市场定位非常准确,从而取得了巨大成功。

|案例 5|

高梵羽绒服的定位

高梵电商公司专业生产、销售羽绒服,2012 年才开始做电商,在此之前主要通过线下代理商销售羽绒服。面对市场上的波司登等著名品牌,高梵羽绒服必须确定自己的市场定位。冬天大部分人都需要穿羽绒服来抵御寒冷,但是传统羽绒服很臃肿,穿在身上并不十分美观,很多年轻人不是很情愿穿。针对年轻人群体,高梵设计轻便、时尚的羽绒服,轻便到可以把一件羽绒服卷成折叠伞大小,携带非常方便,同时款式、颜色也非常时尚。高梵的目标顾客定位就是年轻时尚的白领达人,高梵羽绒服轻便时尚的定位非常符合他们的期望。

伴随着电商的快速发展,很多年轻人更愿意在网络上购物,不仅免去了逛街挑选的麻烦,而且价格便宜。高梵选择只通过电商销售自己的羽绒服。由于高梵羽绒服准确的市场定位、轻便时尚的设计、合理的销售渠道,公司业绩年年高速增长,连续多年成为国内电商羽绒服品类第一名。

思考与练习

1. 什么是营销 STP?
2. 什么是定位理论?

创业实训

在调查研究的基础上，明确你的创业项目的市场细分、目标市场选择和产品定位。

5.5 工艺开发

产品技术方案设计和目标市场定位确定之后，需要进行工艺设计，把图纸变成实际的产品。工艺开发，就是对每个自制件，开发出具体的生产工艺。

5.5.1 工艺开发的前期准备

在进行工艺开发之前，需要考虑产品外形和应用场景，选择生产条件，落实工艺开发人员。

1. 产品外形与场景设计

技术方案主要解决的是产品功能问题。如果仅为实现功能而不去考虑产品外形与应用场景，往往设计出来的产品相貌难看，还不能适应不同场景的需要。因此应进行外形设计和不同场景的适应性设计。

外形设计方面，需要结合市场定位对产品进行造型设计，在外形上新颖、独特，让顾客有一个好印象。这项工作需要请工业造型、美工等专业的人员来做。造型的风格，有德式、日式、美式、中式等。比如德国工业产品的主要特点是做工精细、持久耐用、考虑周到、讲究实效，外形线条简洁；日本的消费品时尚、质量好，还非常人性化。这些都是我们需要学习的。

场景方面，由于产品使用的环境可能有高温、低温、暴晒、潮湿、干燥、灰尘、风沙、盐碱、酸雾、强风等，适合不同的应用场景，产品才具有生命力。因此，要在产品基本功能之外，设计应对不同场景的措施，比如增加防护罩、散热装置等。如果产品需要在多种场景使用，就要提供多种不同的选配件。

经过外形设计和场景设计之后，产品技术方案才是完整的。如果再加上包装设计，考虑运输、配送、安装中的产品保护与便捷性，就更加完善了。

2. 生产条件选择

工艺设计的任务是将产品及其零部件的图纸，通过一系列生产过程，最终变成成品。因此，选择最合适的生产条件是工艺设计的前提。

比如，要生产一个无盖的不锈钢杯子，可以采用三种方法：机械加工，就是将一个不锈钢棒经过内部钻孔和外部切削变成杯子；铸造，就是将熔化的不锈钢浇入模具，冷却后成型为杯子；冲压，就是将不锈钢板在系列冲压模中经过多次拉伸，变成杯子。这三种方法都能制造杯子，所采用的生产技术、设备不同，工艺自然不同。

外购的零部件不用设计工艺，自制的零部件才需要。因此，在设计工艺之前，要确定生产条件，即采用什么样的生产技术、需要哪些设备。除了零部件生产，还有产品的装配，也需要设计装配工艺。

3. 工艺开发人员和组织

工艺开发需要掌握工艺设计方法的专业人员，创业初期往往由研发人员兼做工艺设计。当公司发展到一定规模之后，需要的工艺人才很多，就需要将工艺设计从产品研发中独立出来，成立工艺科之类的工艺开发与管理组织。

5.5.2 工艺开发的内容

工艺开发的内容包括：自制零部件的生产工艺，与生产工艺相关的模具、工具与量具，装配工艺等。

1. 什么是生产工艺

生产工艺是指生产工人利用生产工具和设备，对各种原料、材料、半成品进行加工或处理，最后使之成为成品的工作、方法和技术。比如太阳能电池组的生产工艺流程，如图 5-5 所示。

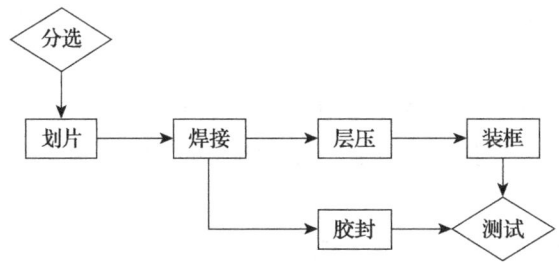

图 5-5　太阳能电池组的生产工艺流程

上面的工艺流程，描述的只是总体过程。进一步还有工艺卡片，详细描述每个生产步骤，包括人员、设备、工具、工时等。工艺卡片示例如图 5-6 所示。

有些工艺卡片上还有图纸及对关键工序或过程的要求，便于操作者生产出合格的产品。

2. 产品工艺设计的内容

产品工艺设计的内容有：

- 设计工艺平面布置图。
- 设计工艺规程。
- 制订工艺材料消耗定额。
- 确定工艺定员。
- 工艺设备选型。

机械加工工艺过程卡片					产品型号		零件图号						
					产品名称		零件名称	法兰盘	共	1	页	第 1	页
材料牌号	HT200	毛坯种类	铸造	毛坯外形尺寸		每毛坯件数		每台件数	1	备注			
工序号	工序名称	工序内容			车间	工段	设备	工艺装备				工时（分）	
												准终	单件
1	粗铣右端面	粗加工法兰盘右端面					X51	面铣刀 Φ50mm、游标卡尺、专用夹具					0.36
2	粗铣左端面	粗加工法兰盘左端面					X51	面铣刀 Φ50mm、游标卡尺、专用夹具					0.12
3	加工 $\Phi 20^{+0.045}_{0}$ 孔	钻孔、扩孔、铰孔至 $\Phi 20^{+0.045}_{0}$					Z525	麻花钻、扩孔钻、铰刀、专用夹具、内径千分尺					4.26
4	车外圆、割槽	加工法兰盘的外圆面及各端面、割槽以及倒角					C6132	外圆车刀、45°弯头刀、铰刀、卡尺					14.4
5	精铣左端面	精加工法兰盘左端面					X51	面铣刀 Φ50mm、游标卡尺、专用夹具					0.4
6	铣削后平面	粗铣及半精铣法兰盘后平面					X51	整体硬质合金立铣刀、专用夹具					1.54
7	铣削前平面	粗铣及半精铣法兰盘前平面					X51	端面车刀、专用夹具、游标卡尺					1.743
8	钻 Φ9mm 孔	钻 4×Φ9mm 孔					Z525	麻花钻、专用夹具、游标卡尺					0.7
9	钻 Φ6mm、Φ4mm 孔	钻 Φ6mm、Φ4mm 孔					Z525	麻花钻、专用夹具、内径百分尺					0.401
10	磨削外圆面	精车法兰盘外圆面及端面					M1412	砂轮、游标卡尺					
11	磨削前平面	磨削前平面					M7120A	成形砂轮、游标卡尺					
12	刻字												
13	倒角、去毛刺							游标卡尺、游标卡尺、内径百分尺					
14	检验												
					设计（日期）		校对（日期）	审核（日期）	标准化（日期）		会签（日期）		

图 5-6 工艺卡片示例

- 确定工艺过程能源消耗（电能装机容量、水、压缩空气、蒸汽、通风、制冷等）。
- 制定工艺设备明细表。
- 制定工装明细表。

创业企业的工艺设计，不需要这么复杂。但需要认识到：没有先进的工艺，是生产不出高质量产品的。中国制造业在高端产品上落后于德国、日本，很大程度上是因为工艺落后。

3. 从 CAD 到 CAPP

产品设计往往采用计算机辅助设计 CAD 软件，其中三维的 CAD 如 UG（Unigraphics NX）、PRO/E、SolidWorks 等，可以直接将三维的零件造型转换成二维 CAD 图纸，还可以通过计算机辅助工艺软件（CAPP），生成生产工艺文件。三维软件通过产品寿命管理软件（PLM），可以生成企业资源计划（ERP）所需的物料清单（BOM），用于生产管理。这些知识，创业者需要了解一点，以便充分利用信息系统的强大功能，加速创业的进程。

5.6 产品研发计划

前面介绍了产品技术方案设计，根据目标市场确定了产品的定位，并进行了工艺设计。这些工作任务繁重，需要制订产品研发计划，一步步实现研发目标。

5.6.1 产品研发基础知识

对创业者来说，从最开始的产品或服务创意、产品技术方案设计、产品研发、产品的生产，到最后将产品推向市场，有可能要经历非常漫长的过程，尤其是研发阶段，有可能需要耗费几个月甚至几年的时间，因此产品研发管理十分重要。

1. 产品研发管理的概念

产品研发管理就是在产品研发体系结构设计和各种管理理论基础之上，借助信息平台，在产品研发过程中开展的团队建设、流程设计、绩效管理、风险管理、成本管理、项目管理和知识管理等一系列协调活动。研发过程中需要投入大量人力、物力，需要运用项目管理等方法，减少失误，保证产品研发的成功。

2. 产品研发理念的发展

通常研发管理分为四代。第一代研发的目标是提高设计效率，研发的思想是快速把产品设计、制作出来，以便投放市场。早期的研发工具如计算机辅助设计软件（CAD）、计算机辅助工艺软件（CAPP）等都是为了提高设计效率。

第二代研发与第一代不同，更注重开发市场需要的产品。因此第二代研发将产品的市场需求放在首位，研发产品的主要目的是满足消费者需求，开发有买家市场的产品。第二代研发需要深入的市场调研，同消费者之间建立良好的连接，根据消费者需求研发产品，确保研发出来的产品能在市场上畅销。

第三代研发是供应链协同研发。这时的研发不仅仅是一个公司的事情了，需要上下游企业共同协作，很多大公司都采用这样的方式。比如某汽车公司自己有两千多名研发人员，外包合作的研发人员可能有 3 000 人甚至 5 000 人，分布在世界各地，在同一个平台上进行协同研发。

第四代研发强调知识管理。研发过程中会形成很多知识，可以将这些知识组织起来共享，用于以后产品的改进和其他新产品的开发。

3. 产品研发的内容

产品研发围绕着产品的功能设计、生产工艺、销售过程甚至售后服务展开，包括硬件设计（核心部件研发、外观、组合/装配等）；软件开发（控制软件、管理软件、运行平台、用户 App 等）；包装物的开发（选择或设计相应的包装）；安装与使用说明书（指导顾客正确使用产品）；还要考虑到物流系统（产品的销售渠道、电商的需求等）。在产品研发过程中，这些都是需要考虑的问题。

4. 产品研发的步骤

产品的研发一般需要经历四个阶段。一是概念发展，也就是产品的概念设计。比如设计左撇子使用的剪刀，"左撇子"就是个概念。二是产品设计，通过图纸设计、电路设计、软件设计等，把概念产品变成图纸。以设计好的图纸为基础，购买、加工出相应零件并做出第一个样品,然后对样品做实验、测试性能。如果样品的性能不错,这时就进入第三个阶段,开始产品/流程的工程设计。这个阶段需要设计产品的加工工艺,设计产品加工的设备和生产线及相关的工具、量具、刃具等。四是测试市场/产量增加,通过小批量生产并投入市场,测试产品的市场反应,进而根据市场响应来增加产量(见图 5-7)。

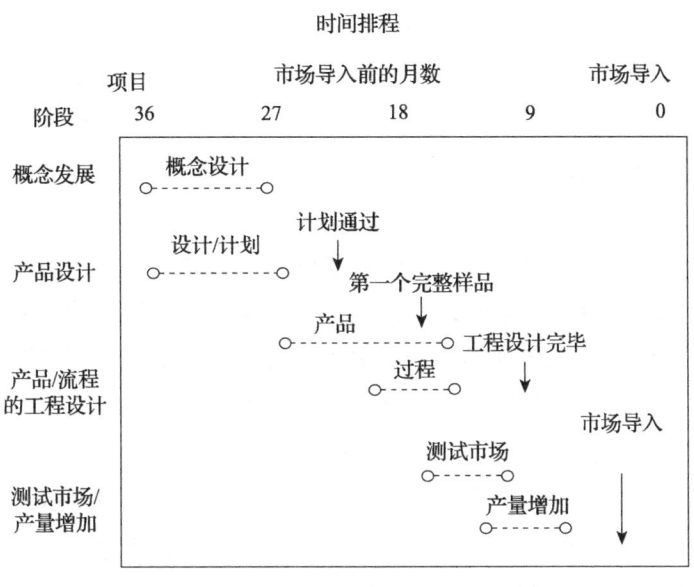

图 5-7 产品研发阶段图

5.6.2 研发管理的方法

1. 常见的五种研发管理方法

一是并行工程法(CE),是对产品及其相关过程(包括制造过程和支持过程)进行并行、集成化处理的系统方法和综合技术。

二是产品及周期优化方法(PACE),有七个核心要素,包括阶段评审决策、建立跨职能的核心小组、采用结构化的开发流程、运用各种开发工具和技术、产品战略、技术管理、对多个产品及资源的投入进行过程管理。

三是集成产品开发方法(IPD),关键要素包括跨部门团队、结构化流程、一流的子流程、基于平衡计分卡的考核体系、IT 支持等。

四是门径管理系统(SGS)。这种管理方法首先要把项目做正确,就是听取消费者的意见,做好必要的前期准备工作,采用跨职能的工作团队;其次要做正确的项目,即进行严格的项目筛选和组合管理。

五是产品价值管理模式(PVM),这里面涉及详细的盈利模式及其设计方法,以顾客、需求和市场为焦点,以竞争和利润为导向,从企业愿景、战略落实到产品规划,围绕产品管理和产品生命周期的轴线，讨论新产品从概念构思到商业化的整个过程，强调基于商业模式的价值链和价值流分析，合理的战略与严密的评价程序是产品创新（开发）的可靠保证。

2. 串行开发与并行开发

下面介绍串行开发与并行开发的区别，如图 5-8 所示。以前很多开发是按串行组织的，就是一个步骤做完之后才能进入下一步骤。比如概念设计完成后，再进行详细设计，详细设计完成后再做工程设计，工程设计完成后才能进行原型制造与测试，然后再进行生产制造。采用这种串行的方法，如果任何一个步骤出现问题都有可能要返工，甚至到最后生产制造时，还可能需要推倒重来，重新从概念设计开始，因此很浪费时间。

针对串行开发中易出现的问题，出现了并行的开发方式。并行的开发方式是在概念设计还在进行时，同步启动后面的设计过程，详细设计、工程设计、原型制造与测试过程同步进行。将设计的概念传递给后面的各个环节，后面的环节会尽早开始准备工作。比如，目前世界上最短的汽车是两米。要生产这种世界上最短的汽车，就要先将其设计出来。调查发现这种车有市场需求，就把"最短的汽车"这个概念传递给后面与详细设计、工程设计、原型制造与测试等相关的人员。假如原型制造与测试的人发现这种车子的化油器无法在市场上买到，那么他可以尽早把问题反馈到概念设计的环节，帮助概念设计人员完善方案。这样就可以提早发现潜在的问题，预留更大的空间给工程设计人员，尽早进行调整，而不至于出现前面做了很多的工作，到最后一步才发现问题而全部推倒重来的状况。这是并行开发非常大的优势。

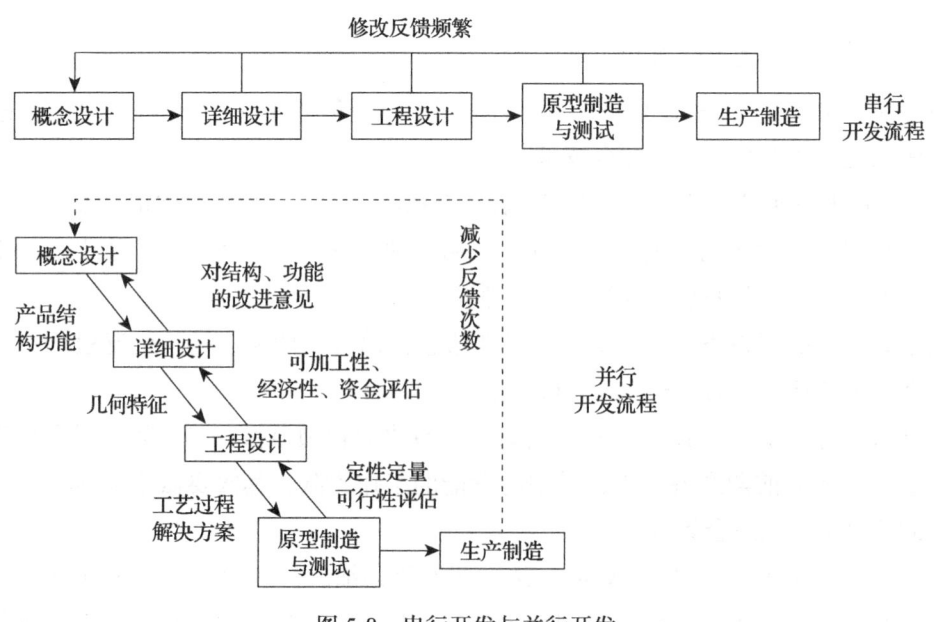

图 5-8　串行开发与并行开发

5.6.3 产品研发计划编制工具

1. 工作分解结构（WBS）

在产品研发过程中，有很多需要完成的工作。项目管理中有一个方法，叫工作分解结构（work breakdown structure，WBS），就是将每一项工作从上向下一层层分解。比如将一个大项目分解为若干子项目，每个子项目又分成若干任务，每个任务又进一步分成工作包，直到分解成一个个不可再分的活动。项目经过一层层分解，变成一个个具体的活动（见图5-9）。然后，明确每个活动、每个人的职责和时间节点。通过这种方式，可以保证总体研发工作按计划完成。

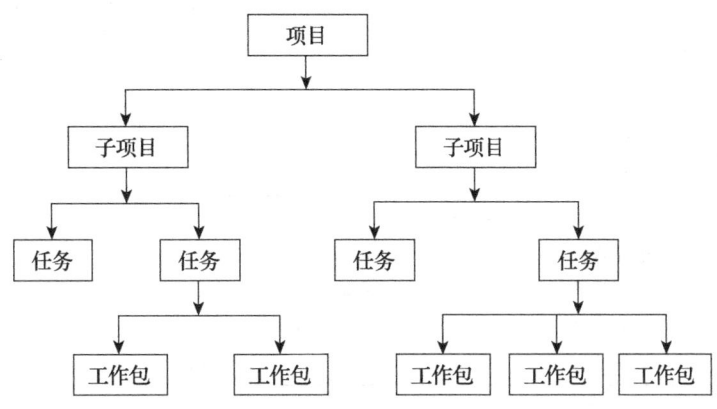

图 5-9 工作分解结构（WBS）

把图5-9展开，可以用表的形式来表示（见表5-2）。比如硬件研发，包括核心部件设计、电路板设计、外观设计、机箱设计等。软件开发包括控制软件、管理软件、平台软件等。包装物设计包括内包装设计、外包装设计等。每一子项都需要明确的内容与要求，明确项目完成的时间节点，还要明确项目的责任人。通过严格的分解与分工，能够保证计划得到执行。

表 5-2 工作分解结构

任 务	子 项	内容与要求	完成日期	责任人
硬件研发	核心部件设计			
	电路板设计			
	外观设计			
	机箱设计			
	⋮			
软件开发	控制软件			
	管理软件			

（续）

任务	子项	内容与要求	完成日期	责任人
软件开发	平台软件			
	⋮			
包装物设计	内包装			
	外包装			

2. 进度计划编制工具——甘特图

还有一种进度计划编制工具，称为甘特图（Gantt chart）。甘特图是用图形的方式展现进度计划的，如图 5-10 所示。

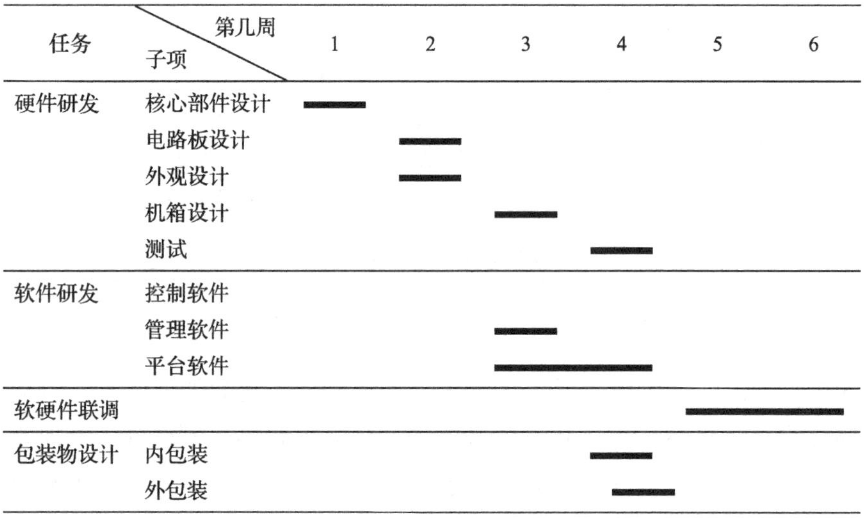

任务	子项	第几周 1	2	3	4	5	6
硬件研发	核心部件设计	▬					
	电路板设计		▬				
	外观设计		▬				
	机箱设计			▬			
	测试				▬		
软件研发	控制软件						
	管理软件			▬			
	平台软件			▬	▬		
软硬件联调						▬	▬
包装物设计	内包装				▬		
	外包装				▬		

图 5-10　进度计划编制工具——甘特图

甘特图中用线条来表示每一周的任务。从图 5-10 的例子可以看出，一共有 6 个星期的时间来完成整个计划。活动之间有先后次序的要求，如外观设计之后，才能进行机箱设计。有些阶段需要并行做几个任务，比如第三周在机箱设计的同时，要完成研发管理软件并开始平台软件的开发；第四周开发平台软件的同时测试硬件、设计包装物。通过这样的方式，可以检查每一项任务是否按时间进度完成，保证整个研发项目按计划准时完成。

◆ 思考与练习

1. 什么是产品研发管理？产品研发包括哪些内容？
2. 产品研发理念经历了哪些发展历程？

3. 编制产品研发计划有哪些工具？
4. 研发管理的方法有哪些？

创业实训

1. 编制研发任务工作分解结构表。
2. 编制研发进度甘特图。

第 6 章
CHAPTER 6

商业模式与营销规划

商业模式就是如何赚钱的方式,也就是企业如何将自己的产品或服务转化为利润。创业者了解企业的商业逻辑,选择合适的商业模式,是至关重要的。而营销规划就是建立一套将产品销售给顾客的系统。

6.1 商业模式

6.1.1 商业模式基础知识

商业模式已经成为创业者耳熟能详的一个名词。几乎每个创业者都确信,有了好的商业模式,成功就有了一半的保证。那么,到底什么是商业模式?它有什么作用,又有哪些常见类型呢?

1. 商业模式的概念

商业模式的定义是:一个企业满足消费者需求的系统,这个系统组织管理企业的各种资源,形成能够提供消费者无法自力而必须购买的产品和服务,因而具有自己能复制且别人不能复制,或者自己在复制中占据市场优势地位的特性。它描述了公司所能为客户提供的价值以及公司的内部结构、合作伙伴网络和关系资本等,用以实现、创造、推销和交付这一价值并产生可持续盈利收入的要素。

简单来说,商业模式是关于企业如何赚钱的一种方法。企业经营过程中最重要的任务之一就是获取收入现金流,而商业模式就是链接用户与利润的纽带。企业通过产品创造价值,之后把产品的价值通过恰当的渠道传播给用户,再从用户身上获得利润。通常情况下,企业的利润等于销售收入减各种成本。

商业模式是一个比较新的名词。它第一次出现在 20 世纪 50 年代,但直到 90 年代才开始被广泛使用和传播。这一现象有多种原因:第一,因为步入现代以来，随着社会生产力的发展，消费者的选择越来越多，市场越来越转向买方市场，并且服务作为一种商品受到了越来越多的认可，企业开始注重于通过多种方式获取收入，而不再是单纯地销售有形商品。第二，通信技术的发展使得信息加工、存储更加容易，企业可以通过从信息中发现新的获利手段来设计经营方式。换言之，今天的公司在面对做什么、怎么做、为谁做这些问题时，有了更多的选择。

2. 商业模式的作用

以前，所有公司的商业模式都大同小异，都是采购—生产—销售。有句老话叫"买得便宜卖得贵，中间过程不浪费"，这就是传统的商业模式或传统的盈利模式。那么这种模式在实现的过程中会存在一些困难："买得便宜"说明一家企业的采购成本比较低，需要具备较强的议价能力，如果达不到一定的采购批量很难享受低价，从而导致购入成本偏高；而想要"卖得贵"，在激烈竞争的市场中是不现实的。此外，中间过程的管理费用、人力费用等都在不断上涨，想"不浪费"也比较难。因此，传统模式靠价格竞争，没有出路。

因此，企业管理人员需要不断思考其他盈利方式。在传统模式下，只要确定一个行业，就知道自己该干什么了。但是今天，仅仅选择一个有利可图的行业是不够的。企业家有一系列全新的方式来规划自己的企业，在每个行业都产生许多新型的商业模式。此外，激烈的市场竞争和信息技术的发展使得成功的商业模式很容易被传播，进而被模仿。作为公司，必须深入了解公司的商业模式和不同商业元素之间的关系，使得企业能够不断创新，创造出新的、别人不容易模仿的盈利方式。

6.1.2 商业模式要素

商业模式由五个密切相关的要素构成。

1. 客户价值主张

许多企业都希望通过推出新产品或服务来扩大市场，而占领市场很关键的一点就是创建成功的客户价值主张。所谓客户价值主张，是指客户能够得到的价值，既包括有形的，也包括无形的。以笔记本电脑为例，有的用户希望价格越低、配置越高越好；有的用户对电脑不够熟悉，希望售后服务中能够包含专业的指导；有的用户希望操作方便。这些都可以成为客户细分的基础，使企业能够根据客户最看重的因素和价格敏感度，专注于特定的客户群。设计价值主张的时候，企业要明确谁是自己的目标客户，哪些属性和产品功能对他们最重要，自己能为客户带来什么不能替代的价值。

2. 盈利模式

盈利模式指按照利益相关者划分的企业的收入结构、成本结构以及相应的目标利润，也就是企业赚钱的模式。盈利模式是对企业经营要素进行价值识别和管理，在经营要素中找到盈利机会，即探求企业利润来源、生产过程以及产出方式的系统方法。还有观点认为，盈利模式是企业通过自身以及利益相关者资源的整合而形成的一种实现价值创造、价值获取、利益分配的组织机制及商业架构。简单地说，盈利模式就是企业如何从为客户创造价值的过程中获得利润。以手机厂商为例，一般的手机厂商只卖手机，手机的进销差价就是利润，但是苹果公司通过 App Store，还有软件分成的利润、平台广告利润等，使其盈利模式更加多样化。

3. 关键资源

关键资源指让商业模式运转所需要的相对重要的资源和能力。企业关键资源是指企业拥有的一些对其具体业务保持持续性的竞争优势至关重要的资源，如专利、关键设备、关键客户等。企业如何汇聚资源为客户提供价值，成为商业模式的一项重要因素。

4. 关键流程

流程指企业为客户提供产品或服务的一系列过程，如研发流程、营销流程、生产流程等。而关键流程是这些流程中最关键的几项。例如，法国易捷航空基于互联网的流程，让客户可以自行办理订票、修改订单、打印登机牌、支付等各项业务，效率高，还为公司节约了大量成本。客户价值主张和盈利模式分别明确了客户价值和公司价值，关键资源和关键流程则描述了如何实现客户价值和公司价值。

5. 核心能力

核心能力是本公司具备而别人很难模仿的能力。核心能力是企业在长期生产经营过程中产生的，企业组织内部一系列互补的技能和知识的结合，是企业独具的、与他人不同的一种能力。例如，搜索算法是 Google 公司的核心能力。核心能力涉及企业的技术、人才、管理、文化和凝聚力等各方面，是企业各部门和全体员工的共同行为。核心能力可以有很多种类，例如先进的科学技术知识、独有的数据、产品的创造性、卓越的分析和推理能力可以使企业预测市场发展趋势，进而获得战略优势。

6.1.3 经典商业模式

经典的或称为代表性的商业模式主要有以下几种：

（1）平台模式，就是搭建平台，让别人来做生意。平台型商业模式是互联网时代最重要的一种经营形态，它从行业视角、以产业思维来构建一个开放的平台，链接"需和求"双方，形成巨大的交易数据，表现形式就是 B2C、B2B、C2F、C2C 等。

腾讯、阿里巴巴等众多世界知名企业使用的都是平台型商业模式。美团每天链接数千万的餐馆和消费者实现订餐服务；天猫、携程、抖音、今日头条等，使用的都是平台型商业模式。平台型商业模式可以让企业产生巨大的数据价值，产生爆炸式裂变效应，产生传统工业时代企业所不能产生的经济效益和价值。除了线上平台，也有很多线下平台。例如，红星美凯龙、农贸市场、大卖场等，属于大型批发或零售平台。建设平台的公司自己并不从事具体业务，只是为在平台上经营的商家和客户提供场地、信息、物流等服务。

(2）网模式，通过构建覆盖很多区域的销售网络或网点接触消费者，为消费者提供商品或服务。有些网点是自营的，有些是和与经销商合作的，借用经销商的力量进入异地市场。通过更多的销售网络，企业可以实现快速发展。常见的例子有麦当劳、百丽鞋业、沃尔玛等。

（3）资源衍生模式，将公司已经形成的资源再衍生到其他业务领域。企业在一个领域获得成功后，知名度、品牌效应显现，可以借助衍生关系，获得新的业务发展机会。例如，在电影行业培养了家喻户晓的米老鼠、唐老鸭等卡通形象的迪士尼就利用这些卡通形象，为书包、服装、玩具等几万家企业和产品进行品牌授权，收取巨额品牌使用费；还在全球建设迪士尼乐园，成为很好的业务增长点。中国的例子也很多，如步步高早期在学习机的生产与销售中产生了巨大的品牌价值，借助以前积累的品牌知名度，步步高成功转型为中国的手机厂商之一。

（4）产品金字塔模式，将产品或服务设置成不同的档次，满足不同客户的需求。企业在设计产品时，为了满足不同客户对产品质量、性能等方面的喜好，考虑客户个人收入上的差异，对客户群进行分类，推出高、中、低不同档次的产品，从而形成产品金字塔。在产品金字塔上，底部是低价位、大批量的产品，靠薄利多销赚取利润；顶部是高价位、小批量的产品，靠精益求精获取超额利润。

（5）产品搭售模式，也叫"饵与钩"模式。该模式中，产品分为基础产品和耗材，如喷墨打印机＋墨盒。基础产品低价销售甚至免费，靠耗材赚钱。比如各大运营商推出的宽带免费送、数字电视免费看等，这些基础产品是免费的，但是运营商通过包月消费、通话费、光猫销售、机顶盒销售，照样可以赚钱。

（6）免费模式，通过免费吸引客户，用其他方式赚钱。例如，百度的搜索服务是免费的，通过免费吸引关注度、获得几个亿的用户资源。以此为基础，百度通过向需要发布广告的厂商收取竞价排名、广告位等费用，获取利润。

6.1.4 商业模式案例

下面介绍几个商业模式案例，通过四川航空、苹果、百川冷暖几家企业的案例的分析，帮助大家进一步了解商业模式的概念与内涵。

|案例 1|

四川航空的免费巴士

四川成都的双流机场到成都市区比较远，周围交通也不是很方便，如果打出租车要 120 元。四川航空（以下简称"川航"）于是推出了一项服务，叫免费送你到市区。为此，川航投资购买了 150 辆东风的风行"菱智"MPV，通过营运车辆，结果赚了几千万，川航是怎么做到的呢？

首先，川航购买了 150 辆东风的风行菱智 MPV，这款车当时的市场价格是 14.8 万元，川航用 9 万元的优惠价购买。东风为什么这么便宜卖给川航？因为川航承诺使用车辆给风行做广告。总共 150 辆车，每年 365 天，一辆车坐 7 个人，每辆车每天跑 4 趟，川航的免费巴士一年会有 153 万人看到风行菱智的广告。

接着，川航在购车以后，转手就把这批车辆用 17.8 万元卖给了驾驶员，瞬间赚到了 1 320 万元。驾驶员为什么愿意用比市场价还要高的价格购买车子？因为在司机看来，购车一次性投资 17.8 万元，之后就可以获得稳定的客源。川航给每个客人提供 25 元的车费补贴，一年多就可以收回投资成本，对司机来说是比较合算的。

免费巴士成为川航为乘客提供的一项附加服务。只要是以五折票以上价格购买川航机票的乘客，都可以享受免费送到市区的服务。相比以前，提供免费巴士以后，川航每天可以多售出 1 万张票，客源、效益大幅增加。

在传统观念看来，航空公司送顾客到市区的这项免费服务，消耗人力、物力、财力，是一个单纯支出的成本项目，但是川航反而把它做成了一个盈利项目。所以，不一样的模式，会产生不一样的结果。

|案例 2|

苹果公司的商业模式

苹果公司创始人乔布斯有一句名言，叫"活着就是为了改变世界"。乔布斯 20 世纪 70 年代创立苹果公司，公司前期发展得很好，但是到 80 年代初的时候，因为 IBM 等 IT 巨头介入个人电脑市场，苹果销售下滑得很厉害，乔布斯被解雇了。到 90 年代中期，苹果公司经营越来越困难，又把乔布斯请了回来。

乔布斯于 1995 年重新回到苹果，1998 年重新担任 CEO。乔布斯回来之后，逐渐推出了三个产品。第一个产品叫 iPod，它是一个带屏幕的 MP4，能够看图像、听音乐，但是市场反应一般；2007 年苹果推出了第二个产品 iPhone，这是一个划时代的产品，市场反响热烈；2009 年进一步推出了第三个产品 iPad，一个平板电脑。2011 年第二季度，苹果销售了 iPhone 手机 2 030 万部，成功超过诺基亚，成为世界上最大的手机生产商。2011 年 10 月份的时候苹果公司推出了 iPhone 4S，第一天就卖了 100 万部。此后，苹果不断推出新的 iPhone 系列产品。

那么苹果的利润都来自哪些环节呢？图 6-1 是苹果公司的商业模式分析。

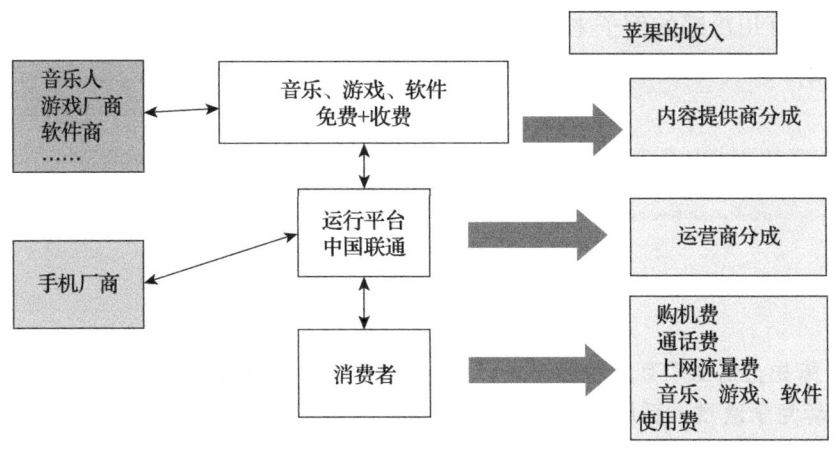

图 6-1　苹果公司的商业模式

首先苹果公司建立一个平台，这个平台上面有音乐、游戏和软件，而这些平台上的音乐、游戏、软件是全世界的音乐人、游戏人、软件开发者自己开发的，放在苹果的平台上面。

苹果公司设计了两种模式，第一种叫免费模式。如果开发者决定其提供的资源是免费的，那么提供方与苹果公司都不收费。第二种叫收费模式，提供方决定对资源进行收费，苹果公司会和提供方进行收益分成，提供方拿 70%，苹果公司收 30% 的管理费。

苹果公司寻找各国的合作运营商一起来推广 iPhone。例如，第一代苹果手机在中国推广时并不是直接销售，而是与中国联通合作，推出预存 7 000 元送一部苹果手机的套餐。这 7 000 元里面，4 000 元是手机费用，3 000 元是预存的话费。手机的成本不到 1 000 元，送出一部手机，苹果公司的利润就有 3 000 元。

消费者在购买手机后，上网、在苹果的平台上下载各种音乐、游戏和软件，苹果公司可以持续获得收益分成。因此，手机在刚卖出的时候就已经为苹果公司赚了很多钱，此后还不断给苹果公司带来收益，总收益非常高。这个平台给苹果公司带来了巨大的利润。

苹果公司的收入分为有形收入与无形收入。有形收入，主要是手机销售，音乐、游戏、软件收费分成以及广告，而无形收入包含消费者黏性与品牌增值。

有关方面统计结果（见图 6-2）显示，2016 年全球手机行业的利润中，苹果大概占 62%，三星 17%，华为 8%，OPPO、Vivo、小米等加起来 12%。通过上面的一组数字对比，可以明显看出，苹果的盈利能力远远比其他手机厂商要强得多。

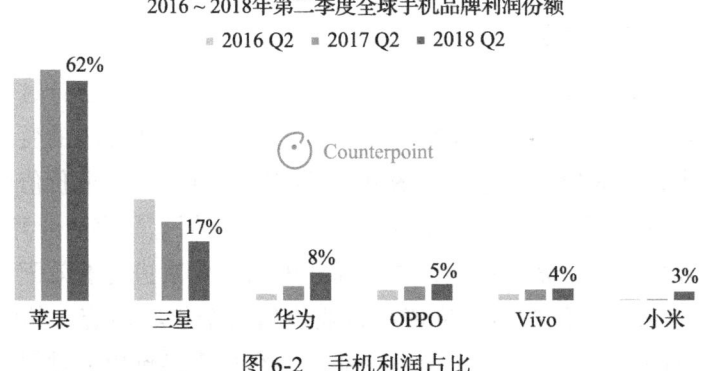

图 6-2　手机利润占比

下面通过百川冷暖的例子来分析,企业在设计商业模式时首先考虑哪些要素,如何分析这些要素。

| 案例 3 |

百川冷暖

2003年陈先生创立了百川冷暖公司,主要研发、生产各种各样的风机。随着厂家越来越多,风机市场竞争激烈。百川冷暖发现我国房地产市场行情很好,消防排烟是高层建筑必需的工程,而这一细分市场并没有多少竞争对手,于是百川冷暖迅速转型做排烟工程。得益于我们国家房地产行业的大发展,百川冷暖公司成长很快,一年销售额达到6 000多万元。

但是最近几年,由于房地产行业增长减缓甚至停滞,消防排烟工程业务开始萎缩,并且其他竞争者也开始进入这片市场,行业竞争逐渐加剧。为了改变困境,百川冷暖公司对用户买风机的用途进行调研。结果显示,购买风机的主要用途是冷却、通风、排烟,不同企业有各自特殊的需求。调查发现,有些企业需要控制烟尘产生的空气污染,其中一部分企业(如冶炼厂)烟尘温度非常高,含有很多热量,直接排入大气中有些可惜。因此百川冷暖公司设计了一个"企业节能环保综合治理"项目,同时用于解决治理污染、热能回收两个问题,这个方案尽管很受客户的欢迎,但订单难接,因为投资较大。

针对这个问题,百川冷暖公司推出新的商业模式:合同能源管理,免费为企业安装环保节能设备,之后从企业节约的能源中获得分成利润。客户本来还要花几百万来购买装置去满足政府的环保要求,现在不仅不用花钱了,还能回收热能,降低成本。客户很容易就接受了合同能源管理方案,百川冷暖公司业务蒸蒸日上。

我们分析一下百川冷暖公司"合同能源管理"的商业模式:客户价值主张就是环保与废热利用,并不是做散热,而是要废热利用;盈利模式则是通过为客户节省能源的分成来赚钱;关键资源就是废热回收利用系统;关键流程就是和客户建立长期的合作关系;核心能力就是废热回收的技术。这是百川冷暖公司的商业模式的要素。

6.1.5 商业模式设计

1. 科尔尼商业模式设计方法

科尔尼是一家著名的商业模式咨询公司。科尔尼将商业模式设计过程画成了一幅太极图,包括商业环境、商业模式以及财务模型三个层面。商业环境的变化带来商业模式创新的机会和需求;商业模式要想持续盈利必须在客户价值和企业价值中获得平衡,经得起财务模型的考验。要实现商业模式创新,企业家必须有洞察商业环境变化的能力,能迅速捕捉商业环境变化带来的机遇,并对商业模式的要素进行有效配置。一个可持续盈利的商业模式应该同时包括客户价值和企业价值两个核心内容。其中,客户价值是企业为客户所提供的价值,而企业价值是企业在为客户提供价值的过程中所带来的自身价值。客户价值和企业价值犹如太极中的阴阳两极，相生相伴、互生共荣。将客户价值与企业价值进一步分解，我们就得到一个可持续盈利商业模式的四个要素与五大驱动力（见图 6-3）。

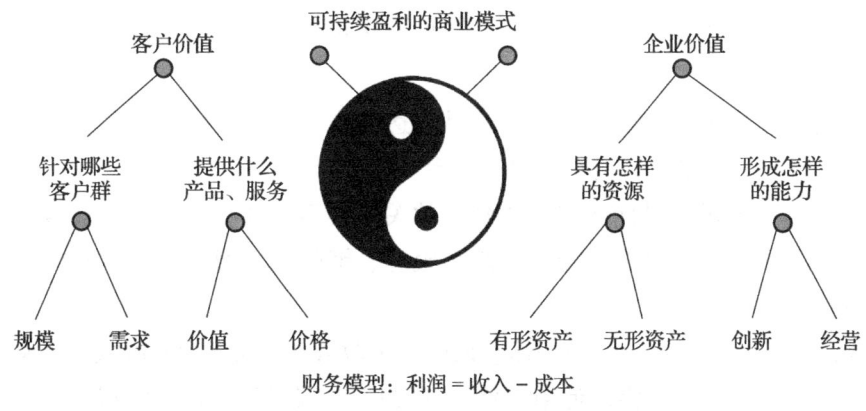

图 6-3　科尔尼商业模式设计太极图

商业模式的四个要素分别是推动客户价值的两要素——客户和产品（服务），以及带来企业价值的两个要素——关键资源和核心能力。商业模式创新就是要针对这四种要素进行设计。

商业环境的五大驱动力分别是：人口结构、消费习惯、技术发展、资源与环境约束、政府影响。商业环境变化时，四要素都有可能成为推动创新的关键，其他随之改变。

2. 商业模式画布

商业模式画布是指一种能够帮助创业者催生创意、降低猜测、确保他们找对目标用户、合理解决问题的工具。商业模式画布不仅能够提供更多灵活多变的计划，而且更容易满足用户的需求。更重要的是，它可以将商业模式中的元素标准化，并强调元素间的相互作用。商业模式画布的结构如图 6-4 所示。

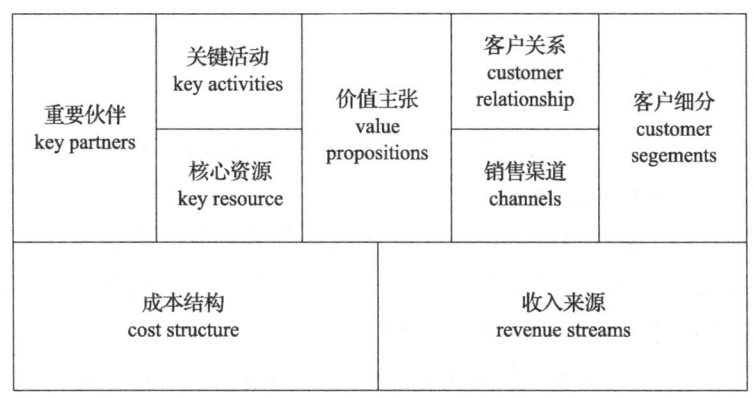

图 6-4　商业模式画布

商业模式画布由九个方格组成，每一个方格都代表着成千上万种可能性和替代方案，你要做的就是找到最佳的那一个。下面分别解释每个方格的意义。

价值主张——公司为特定客户所提供的细分化的创造价值的产品和服务。它体现在新颖、性能、定制化、设计、品牌/身份地位、价格、风险、可达性、便利性等方面。

客户细分——找出公司的目标用户，也就是公司想要接触和服务的不同人群和组织。客户的类型可以分为大众市场、利基市场、区隔化市场、多元化市场、多边平台或多边市场等。

销售渠道——用来描述公司如何将产品送达客户手中，如何接触其细分客户而传递价值主张，如代理分销渠道、商铺、电商平台等。

客户关系——公司与目标客户群体建立的关系类型，如会员制度、社区等。需要按照销售量、利润贡献等，将客户分为金牌、银牌、铜牌和普通客户，对不同客户提供不同的价格折扣和服务。

收入来源——公司从每个客户群体获取的现金收入（包括一次性收入和经常性收入）。获取收入的方式包含产品销售、使用收费、订阅收费、租赁收费、授权收费、经纪收费、广告收费等。

核心资源——公司经营的、市场竞争所必需的重要资源，如实体资产、知识资产、人力资源、金融资产等，主要包括那些本企业拥有、别人没有或难以取得的资产。

关键活动——为了确保商业模式可行，公司必须关注以下重要事项，包含制造产品、市场推广、信息化建设、售后服务、平台建设等。

重要伙伴——让商业模式运转所需的供应商、销售商和其他合作伙伴的网络。通过合作，公司可以获得特定资源和业务，并降低风险。

成本结构——该商业模式所引发的所有成本，包含固定成本、变动成本，生产成本、市场费用、技术授权费用、营运维护成本、管理成本等。

商业模式画布的使用者需要按照一定的顺序：首先要确定目标用户群，进行价值定位、确定需求，设计使产品接触用户的渠道及获得收益的方式，确定取得竞争优势的核心资源，找到合作伙伴，以及根据综合成本定价。

6.1.6 商业模式执行要素设计

按照商业模式画布九方格设计之后，需要结合企业战略，对商业模式八个执行要素进行设计，使得商业模式能落地执行。

（1）价值主张。价值主张就是企业为顾客解决什么问题，也就是厂商为客户提供哪些实际的利益或效用。确定顾客的哪些需求是必须满足的，也就确定了哪些顾客需求是非重要的，可以暂时不提供产品或服务来进行满足。

（2）核心战略。核心战略指企业在考虑行业总体情况，对竞争者、供货商、顾客等因素进行评估之后，决定如何进行市场细分以及如何提供服务。

（3）资源配置。资源配置指企业为了给用户提供特定的价值，对其设备、品牌、专利、技能等资产、资源所进行的安排。企业通过对资源进行配置整合，为顾客提供不同于竞争对手的独特价值。

（4）组织设计。企业在进行组织结构设计或调整时需要使其架构与核心战略及资源配置相适应。在设计时应考虑如何有效利用资源，如何发挥企业的核心能力。同时，应将供应链的合作伙伴考虑进来，建立协调机制，使得企业与下游组织能够顺利地实现客户价值与企业收益。

（5）价值网络。企业在经营过程中通过与供应商、经销商、合伙人、战略伙伴等进行合作，共同为终端顾客创造价值，并通过供应链获得价值，各个合作参与方应当共担风险、共享利润。

（6）产品与服务设计。企业最终会生产出一种或多种产品与服务提供给顾客。企业在产品与服务设计时，应使其与价值主张保持一致，使顾客能够感受到企业为顾客创造的价值。因此产品设计应决定产品与服务如何到达用户手上，如何准确地为目标用户提供服务，以及如何与用户进行互动，获得反馈，进而持续改进。

（7）经营收入机制。企业为用户提供产品与服务是有成本的，经营目的是获取利润。经营收入机制就是确立企业能够有效地获取收入。收入机制要决定企业的收益来源，还应决定收入标准，如何以适当的价格获利。企业收入模式需要与成本模式以及核心战略共同考虑。

（8）盈利潜力。任何一种商业模式都是有其行业盈利潜力上限的。企业进行商业模式创新时，盈利潜力是一项关键因素，关乎企业如何获取利润并在未来持续发展。企业通过对价值主张与成本利润的设计，最终是希望能够持续获得利润。企业可以设计一种新的模式，为用户提供新的价值主张来增加盈利潜力，或者以较低的成本向用户提供满意的价值。

思考与练习

1. 什么是商业模式？商业模式有什么特征？
2. 有哪些经典商业模式？
3. 商业模式对企业发展有什么作用？
4. 用自己的语言简述商业模式画布。

创业实训

1. 画出你的创业项目的商业模式画布。
2. 请设计你的创业项目的商业模式，并写出设计报告。报告结构参考实训模板 6-1。

实训模板 6-1　商业模式设计报告

1　概述

2　商业模式分析
　　2.1　商业模式分析要素
　　2.2　行业龙头企业分析
　　2.3　竞争对手分析
3　商业模式定位
　　3.1　消费者细分与定位
　　3.2　产品定位
4　商业模式价值设计
　　4.1　客户价值设计
　　4.2　企业价值设计
5　商业模式要素设计
　　5.1　价值主张
　　5.2　盈利模式
　　5.3　关键资源
　　5.4　关键流程
　　5.5　核心能力
6　商业模式设计总结

6.2　市场营销创新

在生活与学习中，大家可能对营销一词早有耳闻。这里介绍营销是什么，营销对于企业有哪些重要作用。之后再用两个实例，分析创业初期如何进行市场营销，如何通过营销组织建设与营销思路创新来落实创业计划。

6.2.1　市场营销基础知识

每一个企业都需要进行市场营销活动，通过市场营销，促进商品销售，实现资金回笼，获得经营利润。营销是企业的龙头，对企业来说非常重要。那么，营销是什么？

1. 营销的概念和发展历程

营销是关于企业如何发现、创造和交付价值，以满足一定目标市场的需求，同时获得利润的一门学科。简单来说，营销就是发现顾客的需求，并且去满足它。营销是企业各项活动的驱动力，企业的一切活动都是围绕营销展开的。

在营销发展的早期阶段，生产导向是当时的经营观念。这是因为当时生产力不够，企业主要将注意力集中于增加产量和降低成本，通过大量生产和压缩成本以形成规模经济。因此，企业在市场上的表现就是，生产什么就销售什么。

随着生产力的不断提升，到了20世纪60年代，企业经营观念已经从"以生产为导向"逐步发展为"以销售为导向""以市场为导向"，进而成为"以顾客为导向"。现在的营销，专注于提供个性化产品与服务，获得顾客青睐，提高客户满意度，从而在市场上不断获得收益。

2. 营销的作用

营销的首要任务是传播，通过各种活动、途径、方式，传播企业的品牌、产品、服务等信息。营销好坏直接关系到企业存亡。企业营销能力是盈利的根本保证，是一切生产经营活动的基础。从企业形象的角度看，市场营销对于构建品牌和赢得顾客忠诚也是非常重要的。

营销是企业各项活动的驱动力，企业要先有营销再有研发和生产。因为产品最后是要提供给消费者的，营销是连接企业内部生产和外部消费者的主要渠道。很多创业者总是想着先把产品做出来，然后再去考虑怎么营销，这样开发出来的产品，往往有很大的盲目性，因为创业者所想象的东西和消费者需要的东西之间往往是有差距的。因此，创业者尽量在创业早期考虑营销，对于产品开发和未来销售是非常重要。在这个过程中，通过不断了解消费者的需求，企业生产出来的产品才能够更好地和消费者需求匹配。

3. 营销的理论框架

营销的理论框架如图6-5所示。从图上可看出，营销首先要进行市场调查，了解市场在哪里、顾客是谁、为什么需要产品；其次进行STP，即确定细分市场、选择目标市场、对产品进行定位；再次，要制定营销的战略；最后，决定公司营销过程中采取的策略，运用4P理论或4C理论制定营销组合。所有这些，都是为了让顾客满意。

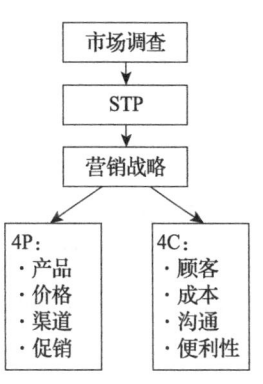

每个创业者，都需要按照这个思路，描绘自己创业项目的营销蓝图。

图 6-5 营销的理论框架

6.2.2 市场定位与市场营销组合

1. 市场定位

市场营销的主要目的是满足消费者的需要，而消费者的需要很多，可以采取的营销措施也很多，如果过于分散，就会顾此失彼，不能有效地服务消费者。因此，企业的市场营销活动，应聚焦于目标细分市场的特定消费者。相关内容已在5.4节介绍，就是从细分市场入手，确定市场定位和产品定位。

2. 市场营销组合

市场营销组合是指企业根据目标市场的需要，全面考虑企业的资源以及外部环境，对企业可控因素进行最佳组合和应用，以满足目标市场的需要，实现企业的任务和目标。

市场营销组合是在企业营销战略的指导下进行的。做好市场营销组合工作，可以保证企业从整体上满足消费者的需求。市场营销组合是企业对付竞争者强有力的手段，是合理分配企业营销预算费用的依据。

（1）市场营销组合之一：4P 理论。 市场营销组合这一概念是由美国哈佛大学教授鲍顿（N. H. Borden）于 1964 年最早采用的，并确定了营销组合的 12 个要素。随后，理查德·克莱维特教授把营销组合要素归纳为产品、价格、渠道、促销。

这四个因素就是经典的 4P 理论，或叫 4P 组合理论，如图 6-6 所示。4P 理论旨在确定营销组合、企业的综合营销方案，即企业针对目标市场的需要对自己可控制的各种营销因素的优化组合和综合运用，使之协调配合，扬长避短，发挥优势，以便更好地实现营销目标。

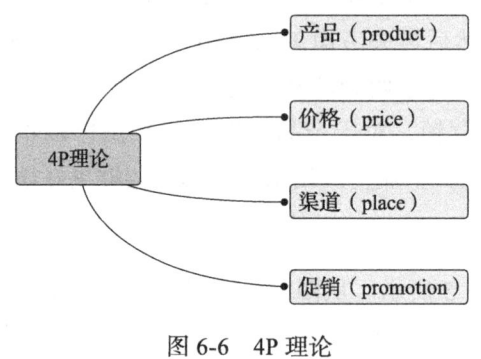

图 6-6　4P 理论

4P 组合的基本思想在于：从制定产品策略入手，同时制定价格、促销及渠道策略，组合成总体策略，以便达到把合适的产品以合适的价格、合适的促销方式送到合适地点的目的。企业经营的成败，在很大程度上取决于这些组合策略的选择和它们的综合运用效果。

1）产品策略：包括产品线（单一产品还是产品组合）、产品计划、产品设计、交货期等决策的内容。影响因素包括产品的特性、质量、外观、附件、品牌、商标、包装、保险、服务等。

2）价格策略：包括确定定价目标、制定产品价格原则与技巧等内容。影响因素包括付款方式、信用条件、基本价格、折扣、批发价、零售价等。可以采用高价格、中价格或低价格策略。

3）促销策略：是指如何促进顾客购买商品以扩大销售的策略。影响因素包括广告、人员推销、宣传、营业推广、公共关系等。

4）渠道策略：是指商品到达顾客手中的途径和方式。影响因素包括分销渠道、区域分布、中间商类型、运输方式、存储条件等。主要策略有：直销、代理、互联网营销等。

进入 21 世纪，随着服务业的发展，有专家提出了营销 7P 理论，在原有 4P 的基础上，增加了三个服务性的"P"，即人员（people）、过程（process）、有形展示（physical evidence）。

1)人员(营销参与者):所有的人都直接或间接地被卷入某种服务的消费过程中,这是 7P 营销组合很重要的一个观点。知识工作者、白领雇员、管理人员以及部分消费者将额外的价值增加到既有的社会总产品或服务的供给中,这部分价值往往非常显著。

2)过程:服务通过一定的程序、机制以及活动得以实现的过程(即消费者管理流程),是市场营销战略的一个关键要素。

3)有形展示:对于无形的服务,通过有形的方式展示出来,包括环境、便利工具和有效引导,让顾客对服务质量有直观感受。因此,最好的服务是将无法触及的东西变成有形的服务。

(2)市场营销组合之二:4C 理论。 20 世纪 90 年代初,世界进入了一个全新的电子商务时代,消费个性化和感性化更加突出。为了解消费者的需求和欲望,企业迫切需要与消费者进行双向的交流与信息沟通。

1990 年,美国市场学家罗伯特·劳特朋教授提出了与传统营销 4P 相对应的 4C 理论。这 4 个 C 分别是顾客、成本、便利性和沟通(见图 6-7)。

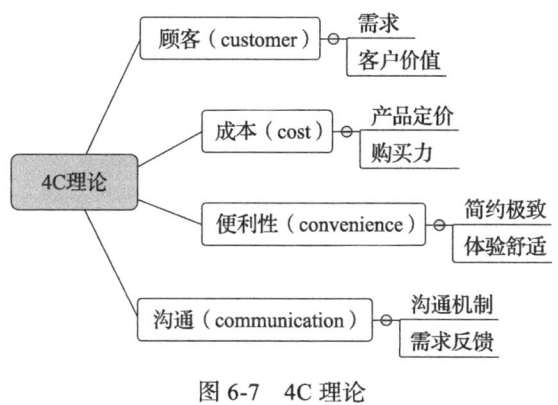

图 6-7 4C 理论

企业首先要明确销售商品的目标顾客群体;然后进行成本控制,低成本的产品更有竞争力;接着考虑便利性,即顾客为得到某项产品或服务是否方便,包括购买方便和使用方便;最后企业和顾客要有良好的沟通渠道。

4C 理论强调企业的营销活动应围绕顾客的所求、所欲、所能来进行,这与以企业为中心的 4P 理论有着实质上的不同。4C 理论更加适合于服务类产品的营销。如果企业提供的产品是一种服务,就应该按照 4C 的方式来制定营销组合。

6.2.3 创业阶段的市场营销

初创公司与成熟的大公司在市场营销上具有很多不同。大公司有成体系的营销团队,可以建立多种分销渠道,提供充足的媒体宣传预算。刚成立的初创公司不仅资金有限,而且创业者往往对营销缺乏足够的理解,不能简单模仿大公司的做法。

在创业阶段,由于公司规模不是很大,而且很多环节(如生产环节等)都不太完善,不可能建立全面的营销体系。因此要抓住重点,着力市场调查、渠道建设和促销活动。

首先,应通过深度访谈、问卷调查等方式,进行市场细分,发现目标顾客并深入了解其需求。尽快发展试用客户,建立样板工程。通过客户的试用反馈来发现产品的不足,并不断改进。

其次,抓住营销渠道建设这个关键。根据产品的特点,决定采用直销还是分销。如果是直销,就要尽快建立线下旗舰店或网上店铺;如果是分销,就要逐步发展代理商。要多利用别人的渠道,因为自己建立渠道周期长、投资大。

最后,多开展促销活动。在创业初期,客户对产品不了解,对公司也不熟悉,没有知名度,因此应该优先提高知名度,再通过顾客的使用,进而转化为美誉度。建立公众号、召开新闻发布会、参加展会等都是良好的促销方式。

此外,初创公司一些营销人员往往对想要销售的产品和目标客户群没有清楚的概念,需要对营销团队进行产品知识、营销知识的培训,提高营销人员的能力。

创业阶段的营销,首先要突出产品特色,突出产品的新颖性,其次要根据对手的定价进行差别定价,不打价格战。

6.2.4 市场营销创新案例

|案例 4|

水性油漆的初期营销

绕组是电机的关键部件。绕组是由很多铜线绕起来的(见图6-8),在绕组的生产过程中,需要用油漆进行浸泡,然后烘干、定型。以前,浸泡绕组一直用化学合成的工业油漆。油漆烘干过程中会释放苯等化学物质,造成严重的空气污染,工人的眼睛会受到刺激,呼吸系统会受损;电机在长期的使用过程中,绕组还会不断产生污染。目前很多欧美国家不允许使用工业油漆,规定必须用水性油漆。

图 6-8 电机绕组

我国越来越重视环保，水性油漆市场前景比较广阔。英索莱特公司的创业者发现这个项目机会之后，就依托大学，研发出水性油漆的样品，经过权威机构的检测，各项性能指标接近甚至超过国外产品。于是，该团队找到几个电机厂试用，在试用过程中发现各种问题，再对产品进行持续改进。

在早期的时候，英索莱特公司并没有盲目生产，而是通过样品的试用，获得客户详细的需求信息，以不断改进。经过对客户试用反馈信息的分析，发现不同电机型号、不同地区对产品性能与质量要求不同，于是英索莱特公司生产高浓度的原液作为基础产品，再针对不同用户配置浓度、添加不同的调和剂形成个性化产品，按订单生产。该公司在浙江、福建、江苏等沿海地区的电机厂推广该产品，通过试用得到用户的认可。于是，该公司发展多个省市的代理商，进一步扩大范围，市场逐步打开，长期客户越来越多，销售情况越来越好。

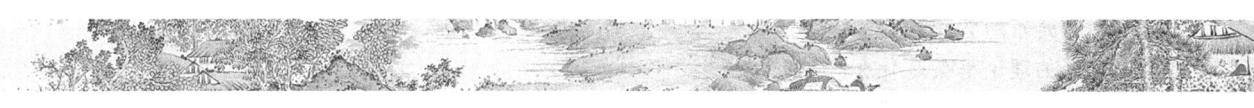

| 案例 5 |

洲峰电子的营销定位

洲峰电子公司（见图 6-9，以下简称"洲峰电子"）早期做汽车电子产品的代理，就是从韩国进口汽车零部件、电子产品，向国内汽车厂销售。洲峰电子在经营过程中逐渐发现，如果一直做代理，没有自己的品牌，公司长期发展就会有问题，因此决定要做自己的产品。公司和北京的研究院进行合作，开发了北斗车辆监控管理系统，一套车载系统售价在 600 元左右。由于同类产品很多，市场竞争非常激烈。此外，替代产品如智能手机，能免费导航。因此洲峰电子在进行产品推广之时遇到了很多困难。

图 6-9　洲峰电子公司

洲峰电子通过调查发现，卡车公司对导航的需求是刚性的。卡车公司的驾驶员把车子开出去之后，在全国各地行驶。公司老板想了解卡车的情况，就必须用导航系统追踪车辆轨迹。这种导航不是人们平常用的手机导航，而是需要实时上传数据，这样公司可以从后台看到车辆的运行轨迹。于是洲峰电子锁定卡车公司为目标客户。洲峰电子进一步调查发现，卡车用户除了有导航需求以外，还有很多其他需求，如买保险、加油、交过路过桥费。卡车司机很多时候帮别人送货，运费是货到再付款的，意味着路上的各种费用要自行垫付，需要资金周转。

洲峰电子从这里发现了商机，设计了新的商业模式，除了卖导航仪，还可以为卡车司机提供买保险、加油、交过路过桥费等服务。为此，洲峰电子实行会员制，发展卡车用户；与几家大保险公司谈判，获得保险费用折扣；找中石化、中石油、中海油等石油公司，获得折扣；跟高速公路谈过路过桥费优惠；跟银行谈信用卡合作，为卡车司机发放信用额度为 5 万元的信用卡，这样司机在送货过程中要垫钱时，就可以刷信用卡。

一张会员卡包含很多优惠。经过测算，这些优惠加起来，一个司机一年就可以省下来 3 万元。一个导航仪只要几百块钱，但附加的福利使得导航仪显得很有价值。采用这种商业模式，洲峰电子第一年发展了 10 万多卡车用户，除了销售导航仪的收入，还有每年稳定的导航服务费。

◎ 思考与练习

1. 什么是市场营销组合？
2. 营销的理论框架是什么？
3. 简述 4P 理论、4C 理论。
4. 简述市场营销组合在实践中的意义。

◎ 创业实训

明确创业项目的目标市场，制订初步的市场营销计划。

6.3 营销渠道与促销

上一节介绍了创业阶段营销的重点在市场调查、渠道建设和促销活动，本节对营销渠道和促销做进一步的介绍。

6.3.1 营销渠道基础知识

1. 营销渠道的概念

什么是营销渠道？市场上大多数生产者不会直接将产品销售给最终用户，在生产者和消费者之间，需要中介机构，这些中介机构面向终端消费者，宣传产品、执行销售，并将产品送达消费者手中，组成了营销渠道。著名的营销大师科特勒有一个定义：营销渠道是指某种货物或劳务从生产者向消费者移动时，取得这种货物或劳务所有权或帮助转移其所有权的所有企业或个人。

简单来说，营销渠道就是产品和服务从生产者向消费者转移过程中的具体通道或路径。企业的产品和服务，不可能全部由企业直接卖给消费者。没有合适的营销渠道，企业很难做大。

2. 多级营销渠道

在消费品领域有一句名言，叫"渠道为王"。谁的渠道好，谁的产品就卖得好。营销渠道有哪些呢？图6-10展示了营销渠道分层结构，包含四种常见的营销渠道。

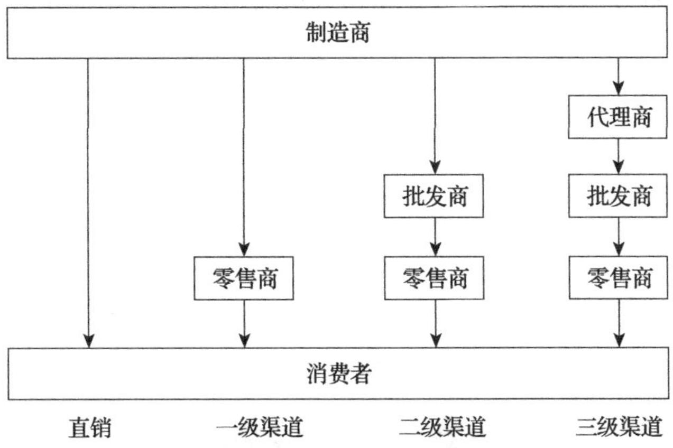

图6-10 多级营销渠道

图6-10中，最上层是制造商，最下层是消费者，中间有很多通道。第一种是制造商直接卖给消费者，称为直销，例如有的制造商自己开专卖店，有的通过电商平台把产品卖给消费者，这都是直销。中间多了一层零售商，叫一级渠道；还有的企业从批发商到零售商通过两层中转，这就是二级渠道；商品从制造商，经过代理商、批发商、零售商三层到达用户，这就是三级渠道。以前IBM公司的电脑，需要通过五级甚至六级经销，才能到消费者手中。

营销渠道有多种，包括直销、专卖、总经销、代理、特许经营，还有现在流行的电商。严格来说，电商不能说是营销渠道，它是一种手段，电商可以是直销，也可以是经销商代理，通过电商平台进行销售。

3. 营销渠道的选择

选择营销渠道时，要考虑多个因素。一是考虑直接渠道或间接渠道，间接渠道又可以分许多种。二是考虑长渠道或短渠道，长渠道就是经过多级代理，短渠道是经过一级或两级的代理。三是考虑宽渠道或窄渠道，宽渠道就是同时在很多地方销售，比如全国每个省市设立两级代理。如果企业只在一个地方进行营销就叫窄渠道。四是考虑单一渠道或多渠道。单一渠道就是企业只采用一种方式进行营销，多渠道就是同时采用多种渠道形式，如直销、代理等。

6.3.2 互联网时代的渠道

1. 电商的360度营销渠道

互联网时代的营销渠道很多，用360度扫描，可以将渠道主要分为三大块（见图6-11）。左上角面向PC端，包含京东、淘宝、官网推广等方式，面向使用电脑的客户。右上角是移动端，除了京东、淘宝等大平台，还包括微商，通过移动端的应用（如微信、H5小程序等）进行营销。下面是传统的线下渠道，主要通过门店、超市等实体店做销售。电商时代的营销渠道很多，企业要根据具体的产品和目标消费者的分布，选择比较有效的渠道组合。

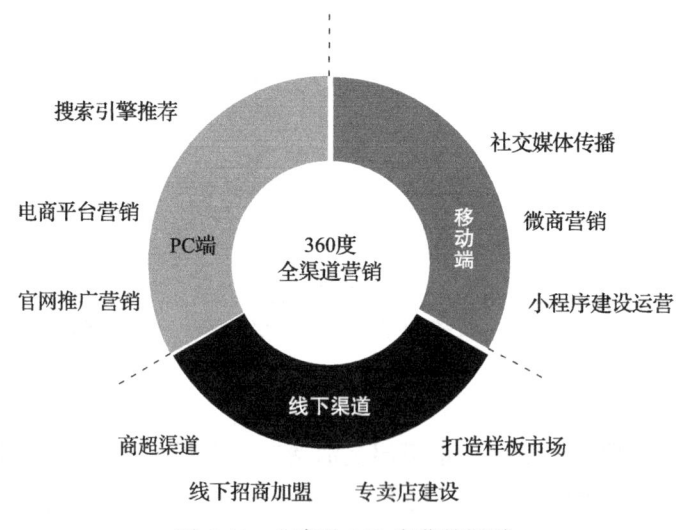

图 6-11　电商的 360 度营销渠道

2. 互联网时代营销渠道发展趋势

（1）渠道结构以终端市场建设为中心。以前企业多注重销售渠道的顶端和中端，通过市场炒作和大客户政策来开展销售工作；当市场转为相对饱和的状态时，要求企业由"经营渠道"变为"经营终端"。

（2）与渠道成员发展伙伴型的关系。生产厂家应与经销商一体化经营，实现厂家对渠道的集团控制，使分散的经销商形成有机整体，渠道成员为实现自己和大家的目标共同努力。

（3）渠道体制由金字塔型向扁平化方向发展。销售渠道结构逐步扁平化，即销售渠道越来越短，销售网点则越来越多。

6.3.3　渠道管理

渠道管理是指制造商为实现公司的营销目标，而对现有渠道进行管理，以确保渠道成员间、公司和渠道成员间相互协调和通力合作的一切活动，其意义在于共同谋求最大化的长远利益。公司的渠道里面有代理商、经销商、批发商、零售商等成员，由于每一个成员都是独立经营的，成员之间就可能有利益冲突，就要进行管理。

渠道管理的内容一般有四项：一是选择渠道成员，就是按照一定的标准，吸纳公司或个人成为渠道的一员；二是激励渠道，如果渠道成员在销售方面表现突出，需要有奖励措施，反之，做得不好就要惩罚甚至取消成员资格；三是评估渠道，用一些指标评估渠道是不是有效；四是维护渠道，包括修改渠道决策、制定退出机制等。

生产厂家可以对其分销渠道实行两种不同程度的控制，即绝对控制或低度控制。绝对控制就是制造商不只是把产品给渠道成员分销，还要严格控制价格政策、控制货源流向、禁止串货；低度控制就是将货物批发给渠道成员，成员拿到货物后如何销售，厂家并不过多干预，管理方式较松散。

6.3.4 促销

1. 促销的定义

促销是什么？促销就是营销者向消费者传递有关本企业及其产品的各种信息，说服或吸引消费者购买其产品，以达到扩大销售的目的。

促销的例子非常多，比如大家经常看到的"光棍节"活动，也就是淘宝、天猫"双11"促销。"双11"促销已经成为一种社会现象，网上销售非常火爆，产品销售额在这一天能达到几千亿元。而京东也有"618京东店庆"活动，京东的商家在上面进行眼花缭乱的促销。此外，大家平常在线下也能看到很多商场促销、楼盘促销等，这都是具体的例子。

2. 促销的作用

促销的作用很多。一是可以缩短产品进入市场的进程。如果企业不搞促销活动，消费者就不了解企业。通过促销活动，消费者能够很快了解企业的产品与品牌。二是激励消费者初次购买，以达到试用的目的。有的产品，消费者没有使用体验以前是不太认可的，但是通过促销体验以后，消费者发现还不错，可能在今后就会长期购买这种产品，建立消费习惯。此外，促销的作用还包括：提高销售业绩、带动相关产品的销售。有时企业有很多种产品，其中一种产品搞促销，消费者在购买这种产品的同时，可能还会购买其他产品，从而带动整个企业各种产品的销售。

3. 常见的促销手段

常用的促销手段比较多。

一是广告，通过报纸广告、杂志广告、电视广告、路边广告牌、公交广告等各种媒体进行宣传。在互联网时代，通过互联网媒体发布广告越来越普遍。

二是网络促销,通过邮件列表、淘宝店打折等形式在网上促销。

三是门店促销,在门店对某些商品进行促销,一般会找一些理由,例如三八妇女节对女性促销,儿童节对小朋友促销,国庆节对当天出生的人打折等。可以有各种各样的理由,在节日、纪念日举办各种各样的活动。

四是酬谢顾客,就是对于长时间的忠诚用户,通过促销活动给顾客返利,让顾客更加满意。比如中国移动经常在年底的时候推出"存话费,送礼物"活动,预存话费300元,赠送油、米,赠品的价格已经接近甚至超过300元了。这种方式有绑定顾客的意思,但也有一些活动纯粹就是酬谢顾客,给顾客返利。

五是事件营销。重大事件发生之后,很快就会成为社会热点,企业如果抓住事件植入广告,关注度会很高,容易达到很好的促销效果。这种方式要求企业反应非常快,因为事件往往不可预测。

4. 促销活动管理

(1)设计促销目标。促销的目的一般来源于企业的销售计划,例如增加销量,通过促销提高商品的购买量;稳定需求,增大淡季销量,回笼资金;寻找更多潜在客户;提高品牌忠诚度等。

(2)选择促销工具。常用的促销工具有优惠券、礼品、现金返还、抽奖、免费试用、捆绑销售、交叉促销等。

(3)选择促销形式。制作精美的宣传片,通过视听材料增加展示效果;选择参加展览会、互联网广告等形式对产品进行展示;与经销商一起开展促销活动;举行销售竞赛,刺激销售人员和经销商进行产品的销售。

(4)制订促销方案。在决定开展促销活动后,应该制订计划,确定目的、对象、参加的产品、时间、地点等,决定促销活动的预算、促销工作的规模、促销参与人员、促销持续的时间等。

(5)方案评价与决策。实施促销前,通过测试来检测促销方案是否合适,不断修改与完善,对于多种可行的促销方案进行比较选优。

(6)执行结果反馈。促销结束后,就要进行结果的评价。通过对销售数据、消费者调查数据、用户活跃度等进行分析,确定目标群体对于促销活动的反应。最终形成促销总结报告,为企业之后的销售活动提供指导。

6.3.5 事件营销案例

| 案例6 |

蒙牛的广告营销

20世纪末,蒙牛还是个小公司。有一天,呼和浩特的大街上突然出现了蒙牛的广告:"向伊利学习，为民族工业争气，争创内蒙古乳业第二品牌。"伊利是当时国内乳制品行业的龙头，蒙牛并没有说要超过伊利，而是提出要做第二品牌，引起了关注。

蒙牛之所以做这样的广告，有两个目的：第一，当时蒙牛和伊利的关系很不愉快，这个广告能够降低伊利的敌意，变被动为主动；第二，蒙牛创立时启动资金少，把广告策划成一个事件，可以引起很多媒体报道，利用伊利的名声来宣传自己，既节省成本，又在很短的时间里，让消费者记住自己。

| 案例 7 |

微信红包

2015年春节前夕，腾讯推出了微信红包，一时间，抢红包飞速流行。虽然抢到的钱不多，但是大家都参与进去。新年派发红包是中华文化的一项传统习俗，在很多地区都是一种彩头。微信作为新兴的社会化网络媒体，发红包与社会习俗有很强的契合性，社会生活通过互联网这一载体突破了以往的空间距离，使其大受欢迎。

这件事非常有意义：首先，人们通过发红包，向关心自己的朋友、同事、客户表示感谢，在轻松愉快的气氛中增进友谊；其次，通过发红包绑定银行卡，微信以很低的成本就开拓了自己的支付市场，成功挑战支付宝。很多人为了几块钱的红包绑定了银行卡，发现可以用微信钱包交话费、水电费、购物，开始通过微信进行消费。最后，更重要的是通过这种活动，让用户对微信的软件服务产生了更强的依赖，使得微信成为人人必备的沟通工具。

| 案例 8 |

华帝与世界杯

2018年夏天，世界杯进入八分之一决赛。华帝燃气热水器打出广告："法国队夺冠退全款"，就是说如果法国队夺冠，这期间购买华帝热水器的客户可以获得全额退款。广告一出，立即成为轰动事件，很多人去买华帝热水器，赌法国队能不能夺冠。

世界杯决赛，最终法国队4∶2击败克罗地亚队，如愿捧起了大力神杯！以"法国队夺冠退全款"作为营销大手笔的华帝，也启动退全款程序，在天猫等平台发出退款流程公示。华帝官方微信公众号第一时间发布文章称，作为法国国家队官方赞助商，"庆祝法国队夺冠，华帝退全款启动"。这篇文章很快刷屏。

实际上，华帝有精确的预测，所需支付的退款最多为2 900万元，可以带动约7亿元的销售。世界杯期间，"法国队夺冠，华帝退全款"几乎成了家喻户晓的话题，华帝品牌知名度大大提升。这次事件营销为华帝赚足了眼球，广告效果恐怕不亚于数千万元的电视广告，持续效应更不可估量。

思考与练习

1. 什么是营销渠道?
2. 简述长渠道与短渠道如何选择。
3. 如何进行渠道管理?
4. 促销的作用有哪些?
5. 什么是事件营销?

创业实训

1. 分析你的创业项目适合什么营销渠道。
2. 设计你的创业项目的促销计划。

6.4 销售管理

营销策略、营销活动需要企业的营销组织、人员去执行。对销售过程进行管理,保证其运行高效,这就是销售管理。本节将讲述销售管理的概念与基本内容,以及如何进行销售管理。

6.4.1 销售管理基础知识

1. 销售管理的概念

通常,销售过程包括销售报价、订单处理、合同管理、销售发货、退货、发票处理、客户管理、项目管理等。销售管理,就是对这个全过程进行有效的控制和跟踪。

和销售管理有关的另一个概念是营销管理,二者有明晰的区分。科特勒在《营销管理》一书中对营销管理定义如下:营销管理是为了实现各种组织目标,创造、建立和保持与目标市场之间的有益交换和联系而设计的方案的分析、计划、执行和控制。这个定义强调,营销管理工作必须与企业的产品开发、生产、销售、财务等工作环节协调。而销售管理仅限于对销售过程的管理。

销售管理是计划、执行及控制企业的销售活动,以达到企业的销售目标。销售管理工作是市场营销战略计划中的一个组成部分,其目的是执行企业的市场营销战略计划,工作的重点是制定和执行企业的销售策略,对销售活动进行管理。

2. 销售管理的任务

销售管理通过对销售活动的计划、监督、执行,使企业达到预定的销售目标,进而实现企业的利润目标。任何以营利为目的的公司都必须量化销售目标,需要在销售管理中进行绩效评估,用以激励销售人员努力实现目标,这是销售管理的一个重要任务。

企业在销售管理中,应经常监控销售业绩。ERP 等软件程序可以帮助管理人员跟踪每日、每月和每年的销售情况,将不同部门、业务人员的绩效统计出来,按绩效进行奖惩。企业对销售代表或业务员要经常培训,以提升他们的知识水平和能力。

销售管理的另一个重要任务就是根据市场需求信息,进行产品销售预测,为企业生产部门、研发部门提供计划依据。

6.4.2 销售管理的主要内容

1. 销售组织

企业的销售需要由一系列的组织和人员来完成,通常情况下销售副总在公司总经理的领导下,全面负责销售工作。销售副总下面,通常有市场部、销售部、售后服务部、销售管理部、物流部等(见图6-12)。

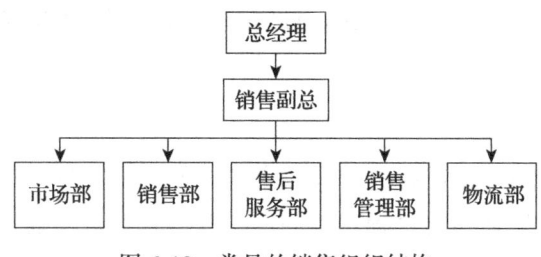

图6-12 常见的销售组织结构

市场部主要负责公司市场调研、销售策划、促销活动组织,是公司销售的策划部门。销售部负责公司产品的销售,包括接洽客户、签订销售合同、协助销售活动的执行、销售回款。售后服务部负责公司产品销售之后的客户服务工作,包括安装、维修、客户咨询、售后服务等,有些单位的售后服务还负责客户关系管理。销售管理部也称为销售内勤,负责销售计划制订、销售统计、销售业绩考核等具体工作。物流部一般负责公司产品的销售物流,包括成品库管理、销售发货、运输、配送等。

2. 销售流程

在销售管理中,流程管理非常重要。销售流程指目标客户产生销售机会,销售人员针对销售机会进行销售活动并产生结果的过程,如图6-13所示。

通常,销售流程包括以下环节:

(1)确定销售意向。销售人员通过上门拜访、电话、邮件等形式联系客户,发现客户的采购意向,和客户初步草拟销售合同,将销售活动反馈回公司。

(2)公司举行合同评估。通常由销售、生产、财务、采购、技术等部门共同对合同进行评估,估计合同的技术难度、生产实现方式,测算大概的成本和利润。

(3)如果合同可行,并且有一定的利润,就可以和客户签订合同。

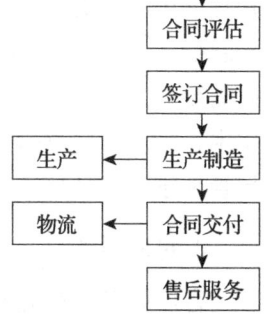

图6-13 销售流程图

（4）合同签订以后，生产制造部门按照合同要求组织采购、生产加工、装配等工作，将客户所需要的产品生产出来。

（5）物流部门按照合同要求发货，有些货物直接运到客户公司，还有一些货物委托第三方物流公司代为运输和配送。

（6）客户对货物验收合格后，进入售后服务环节。公司售后服务人员对顾客安装、使用过程中出现的各种问题提供咨询，必要时上门提供服务。

3. 合同管理

合同是指企业与客户签订的产品或服务要约。在销售过程中，合同是交易的法定依据，对其进行专门的管理，就是合同管理。合同通常包括产品、数量、质量、价格、交货期、服务、违约责任等内容。而合同管理信息系统，是建立在现代信息技术基础上，为企业提供决策、计划、控制与经营绩效评估的全方位、系统化的合同管理平台。

4. 销售绩效考核

对销售活动的执行结果，需要进行绩效考核，使公司能够及时、公正、准确地了解销售状况，还可以及时发现销售过程中的问题，并进行改进。通过激励，可以提高销售人员的积极性，提高公司未来销售业绩。

在绩效考核中，需要对人员分类，一般划分为一线销售、销售支持、售后服务、销售管理等，采用不同的考核指标。在确立指标后，记录、汇总各类人员的业绩。最终，通过绩效考核体现战略导向，引导销售人员向公司期望的方向开展销售工作。

5. 客户关系管理

客户是企业最宝贵的资产。客户关系管理（CRM），就是以客户为中心，在销售的同时，为客户提供全方位的服务。实践表明，做好客户关系管理，可以让顾客更满意、增加客户购买，建立长期合作关系，保障企业持续发展。

客户分类是客户关系管理的前提。一般根据销售额高低或对本企业的贡献大小，将客户划分为金牌客户、银牌客户、铜牌客户和普通客户，分别提供不同的服务。

客户关系管理的主要内容是客户关怀、客户满意、客户忠诚。客户关怀是客户关系管理的中心，客户关怀的目的是与客户建立长期、有效的业务关系，在与客户的每一个"接触点"上都更加接近客户、了解客户，最大限度地增加利润。为了实现客户关怀，企业需要建立客户关系管理系统。这里的客户关系管理系统，是指利用软件、硬件和网络技术，为企业建立客户信息收集、管理、分析和利用的信息系统。所以客户关系管理既是管理原则，又是一套管理信息系统和技术。

6. 售后服务

售后服务，就是在商品出售以后所提供的各种服务活动。售后是销售流程的最后一站，也是销售管理的末尾，但是售后服务由于直接接触用户，因此对于销售管理整体质量有着重要的影响。良好的售后服务可以提高客户满意度，提升品牌价值，甚至成为品牌溢价的重要基础。

售后服务内容多种多样，用于满足不同客户的需求，以下是常见的一些售后服务项目。

- 代为消费者安装、调试产品。
- 进行有关使用等方面的技术指导。
- 保证维修零配件的供应。
- 负责维修服务，并提供定期维护、定期保养。
- 定期电话回访或上门回访。
- 对产品实行"三包"。
- 处理消费者来信来访以及电话投诉意见，解答消费者的咨询。

售后服务的多样性是市场竞争的必然结果。当企业产品发展到一定程度时，制造技术相差无几，营销战略中服务的比重逐步增大。多种售后服务项目可以满足不同客户的需要，对于企业产品美誉度的提升起着积极的促进作用，更是企业在营销过程中体现差异化、提升市场占有率的武器。

售后服务方式也有很多，常见的有上门服务、电话服务、网络服务、消费者自我服务。售后服务对企业的经营影响巨大，因此如何提高服务水平、降低服务成本，是企业在设计阶段就要考虑的问题。

6.4.3 销售管理案例

| 案例 9 |

新加坡航空公司的客户服务

新加坡航空公司（以下简称"新航"）是世界著名的航空公司，曾经获得 2018 年世界航空公司大奖、国际民航卓越服务大奖等多个奖项。之所以取得如此骄人的成就，与新航将以顾客为中心这一理念贯彻到每一处是分不开的。

和其他航空公司一样，新航在提供舒适的客舱、国际风尚美食、视听娱乐等基本服务方面具有独特的竞争力，除此之外，新航还有很多独特的服务。

首先，新航一直致力于餐饮的差异化和创新。新航邀请世界各地名厨组成顾问团，精心设计新航的菜单以及佐餐的配料与红酒，为客户提供国际美食，做到了一周一换菜单。对乘客的数据分析使得新航能准确掌握乘客对成品的偏好，不断调整菜单满足乘客需求。

其次，新航高度重视客户反馈，定期进行客户意见调查，收集乘客对于服务质量的反馈，提供多种语言版本的调查表方便乘客。根据乘客反馈的意见，新航增加了舱室管理、娱乐电视系统等服务，并为乘客配置了个人娱乐系统，每月提供多部新片供乘客欣赏，21世纪初就开始提供空中上网服务。

最后，为提高客户忠诚度，新航推出了基于区块链的忠诚钱包KrisPay，这是一款数字钱包App，可以安装到手机上。乘客可以将飞行里程转换成KrisPay单位，用里程积分支付在新航合作伙伴的消费费用。合作伙伴包括餐馆、美容店、加油站、零售店等，其中不乏"乐高"这样的著名商店。

思考与练习

1. 什么销售管理？
2. 简述销售流程。
3. 什么是合同管理？
4. 如何进行客户关系管理？
5. 如何提高售后服务质量？

创业实训

综合营销内容，制定创业项目的市场营销设计报告，结构参考实训模板6-2。

实训模板6-2　市场营销设计报告

1　市场环境分析
　　1.1　市场概况
　　1.2　主要竞争对手分析
　　1.3　消费者行为
2　市场细分与产品定位
　　2.1　市场细分
　　2.2　目标市场选择
　　2.3　产品定位
3　营销策略设计
　　3.1　产品策略
　　3.2　价格策略
　　3.3　渠道策略
　　3.4　促销策略
　　3.5　营销参与者
　　3.6　服务过程
　　3.7　有形展示
4　销售管理
　　4.1　销售组织

4.2 销售流程
4.3 合同管理
4.4 销售绩效考核
4.5 客户关系管理
4.6 售后服务
总结

第 7 章

运营系统设计

第 6 章是商业模式与营销规划,旨在处理创业项目的外部关系、满足客户需求。本章把目光转向企业内部,学习运营、采购、物流等内容,探索如何将产品生产出来、把服务提供出来。这就是生产系统或运营系统的设计。

7.1 运营系统总体设计

7.1.1 企业运营系统和运营管理

1. 运营系统的概念

企业的基本活动有三个:营销、生产、财务。营销就是对外销售,生产就是把产品做出来,财务就是管理资金。

要了解运营系统,首先要搞清楚"运营"这个词是什么意思。在"运营"出现之前,企业一直使用"生产"这个词,因为那时候企业主要是从事有形产品生产的。20 世纪 60 年代之后,发达国家工业生产逐步饱和,服务业快速增长,到了 80 年代,有些国家的服务业 GDP 贡献率甚至超过了制造业。而服务业因为其管理方式不同,不能用"生产"来表示,于是使用"运营"(operation)这个词。进入 21 世纪之后,发达国家的服务业 GDP 贡献率在 80% 以上,"运营"成为企业的主要活动,因此,以前产品的生产管理,再融合服务的运营管理,统称为运营管理。企业的生产制造系统和服务运营系统,统称为运营系统。与运营管理相近的概念还有:制造管理、生产与运作管理、作业管理、运作管理等,对制造企业来说,以上概念基本上都是一个意思。

企业运营系统的作用,就是将投入转化为产出。其中投入可能是原材料、设备、信息、土地等,产出包括有形的产品和无形的服务。研究运营管理,就是研究如何更加有效地实现从投入到产出的转化。

运营过程包括运营投入、转换过程及运营产出三部分，其中运营投入又称为待转换资源，主要有原材料、信息和顾客等。一般来说，运营系统中发生的转换过程包括：物理过程、位置变化过程、交易过程、存储过程、生理过程和信息过程等。运营产出则是企业满足顾客需要的产成品或服务。

转换的本质要求是增加价值，即通过运营过程中的转换，必须为企业增加价值。企业有人力资源、行政后勤、财务管理、研发、采购、生产、销售和售后服务等部门，其中采购、生产、销售和售后服务与"投入—转换—产出"过程一一对应，即投入系统主要是采购流程，转换系统主要是生产流程，产出系统主要是销售和售后服务流程。

2. 运营管理的概念

运营管理指对运营过程的计划、组织、实施和控制，是与产品生产和服务创造密切相关的各项管理工作的总称。运营包括密切相关的一系列活动，如产品管理、设施选址、预测、运营计划、采购、生产进度安排、库存管理、质量管理、运营信息管理等。

运营包含的内容非常多，简单来说，运营管理就是组织企业内部的生产等资源，以产品或服务的产量和质量，满足顾客的需求。

3. 运营管理的职能

企业运营管理的主要职能如图 7-1 所示。从图中可以看出，企业的上游供应商为企业供应各种各样的物料和服务；下游客户购买企业的产品，或者享受企业的服务。通常，企业经营过程是：客户向营销部门提出采购的需求，签订合同（产品或服务）；营销部门把合同反馈给计划部门；计划部门根据顾客的需求下达研发计划、采购计划、生产计划；研发部门根据客户的要求设计出顾客需要的产品；采购部门通过供应商获取各种各样的原料，交给生产部门；生产部门把原料转换成产品；最后再通过营销系统交付给客户。企业经营就是周而复始地重复上述过程。

当然，企业还有质量管理、库存管理、设备管理、信息管理、人事管理、财务管理等职能部门，这些部门都是围绕着营销、生产、研发、采购这些活动来提供服务的。图 7-1 中，有个虚线的圆圈，圆圈范围以内，都是运营管理的范畴。可以看到运营管理在企业中占有非常大的比重，因此把运营管理做好，对企业非常重要。

4. 运营管理的目标和基本问题

运营管理的目标，就是高效、低耗、灵活、清洁、准时地生产合格产品或提供满意的服务。高效就是效率高，比如汽车厂一个人一年平均生产汽车的数量，甲厂 200 辆，乙厂只有 50 辆，甲厂效率比乙厂高。低耗指运营过程各种资源消耗都比较低，包括材料、能源等。灵活就是紧跟市场，市场需要什么，企业就生产什么，产品很容易从一种切换到另一种。清洁指没有污染排放。准时要求企业按照顾客确定的时间来交货或提供服务，既不早也不晚。

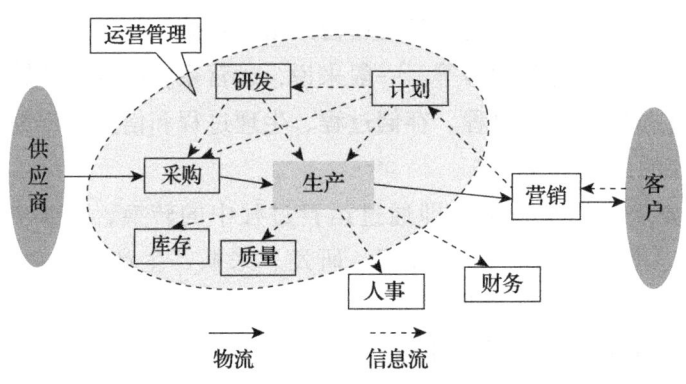

图 7-1　企业运营管理职能图

运营管理过程中有六个基本问题，如表 7-1 所示。

表 7-1　企业运营管理过程中的六个基本问题

序　号	问　　题	内　　涵
1	时间（time, T）	企业应该按时交货
2	质量（quality, Q）	质量要好
3	成本（cost, C）	成本低，便宜
4	服务（service, S）	为客户提供满意的服务
5	柔性（flexibility, F）	灵活反应，满足市场需求
6	环境（environment, E）	无污染

对制造型企业来说，运营管理的目标和问题可以概括为 QDC 管理，即质量管理（quality management）、进度管理（delivery management）和成本管理（cost management），这些都是企业很重要的竞争指标。一个企业如果产品质量非常好，同时交货速度又快，成本又低，那这个企业在竞争中是没有对手的。但是这三项同时达到基本是不可能的。一般情况下，企业都有自己的优先指标，有的企业以质量优先，有的企业以成本优先，有的企业产品交付速度特别快，也就是进度优先。

5. 运营管理的范围

运营管理的范围包括运营战略设计、运营系统设计、运行决策等。创业阶段，公司人手比较少，要抓主要问题，不需要考虑运营管理所有的方面。但是当公司发展壮大以后，就要全面研究运营管理问题。

创业公司首先要做运营战略决策，也就是决定产出什么、如何进行产出，需要何种投入、如何确立竞争优势。其次，要做运营系统设计决策，包括技术选择、能力规划、设施规划和布置、工艺设计、工作设计，工厂需要什么样的技术，有多少车间，采用什么工艺等。最后，要做运营系统的运行决策，包括各种层次的生产计划、作业计划、调度、质量控制、物流管理等。

7.1.2 运营系统的总体策略

创业公司产品研发接近完成的时候,就要开始设计运营系统,需要制定以下几项重要策略。

一是产品策略:是单一品种,还是多产品线?单一品种策略有利于企业集中力量把一个产品做好、做精,多产品线有利于不同类型的顾客选择。比如苹果公司推出 iPod 后隔了六年才推出 iPhone,又过了两三年才推出 iPad。苹果刚开始时就是单一品种,后来才有多种产品。企业能力有限的情况下,只能做单一产品;如果能力充足,可以转为多产品线。

二是物料策略:对于生产所需的零部件、整机,是自制,还是外购(外包)?自制有利于对整个运营系统的控制,但是公司可能并不擅长很多环节的生产,质量难以保证;外购(外包)可以利用外部的专业资源,质量好、成本低、供货量大,但是有技术外泄的风险。苹果公司采用全外包策略,由富士康这样的 OEM 厂商来进行产品生产。很多企业采取关键零部件自制、普通件外包、自己完成装配的策略。

三是生产方式策略:是采用面向库存的方式(先生产再销售),还是采用面向订单的方式(先接单再生产)?是采取低成本和大批量方式,还是多品种和小批量方式?生产方式可以分为两种:面向库存的生产,采用低成本大批量策略;面向订单的多品种小批量策略。低成本大批量方式成本较低、质量稳定,但市场需求不确定,如果预测失误,可能会造成大量积压,企业会承受巨大损失。而面向订单的方式,企业只生产市场需要的产品,虽然不存在库存积压的问题,但也会面临其他问题:因为规模小,生产组织比较困难,要保证交货期也比较难,企业的成本比较高。以上这些都是矛盾,企业需要协调这些矛盾,选择适合本企业的生产方式。

四是质量策略:采用高质量策略,做质量最好的产品,还是采用低质量策略,做价格便宜的产品?这两种策略,面向的消费群体是不同的。

当然,企业也可以采用混合策略,根据客户特性、产品特性,对企业的不同产品采取不同的策略。

7.1.3 运营管理案例

|案例 1|

特斯拉的互联网订单生产

特斯拉于 2016 年发布 Model3,发布之后的 3 天内,预订量就达到了创纪录的 27.6 万辆,远超全球其他竞争企业电动汽车的首发预订量。不可思议的预订量背后,是特斯拉互联网订单生产模式。当经销商们还聚集在拉斯维加斯参加特斯拉年会的时候,网上几十万名消费者已经排着队,为 18 个月后交付的特斯拉汽车支付 1 000 美元的订金。

依据网上订单，特斯拉从容组织产品生产，既可以避免生产的盲目性，杜绝产成品积压，又可以分析出用户需求及其发展趋势，为新产品研发提供准确的需求信息。

| 案例 2 |

宝洁多产品线

宝洁是美国的一家日用品公司，也是世界著名品牌。为了满足全球不同消费者的需求，宝洁推出了令人眼花缭乱的产品。其中，美容美发系列有潘婷、飘柔、海飞丝、沙宣等品牌，男士剃须刀系列有吉列、博朗，家居护理产品有汰渍、碧浪等，甚至还有金霸王电池。

丰富的产品深受消费者喜爱，成为各类超市的热销品，也分散了宝洁的经营风险。

| 案例 3 |

戴尔的零库存生产

戴尔是世界著名的电脑品牌。早在 1995 年，戴尔就推出了网上订货服务。用户需要什么电脑，可以直接在网上下单。用户自己选择电脑配置，比如主板、硬盘、内存、机箱、显示器等，订货系统自动计算价格，用户在线支付。这种订货方式满足了用户个性化的需求，深得用户喜爱。而直接销售的方式，大幅度减少了渠道成本，使得戴尔电脑具有很强的价格优势，因此销量日增，曾经连续多年蝉联世界第一。

用户确认订单之后，戴尔立即将订单按就近原则分配到分布在全球的工厂。工厂的 ERP 系统指示仓库，按每个订单的配置拣货，将所需配件集中到拣货周转箱中；周转箱沿着传送带进入装配线；工人将配件组装成电脑，完成测试；电脑进入包装线，由工人完成包装；最后，包装好的电脑沿着传送带前往物流配送中心，装上卡车直接发往用户处。除了零部件仓库有少量库存外，在制品、产成品均无库存。

◆ 思考与练习

1. 什么是运营管理？
2. 运营管理过程中有哪些基本问题？
3. 不同的范围与层次的运营管理所对应的决策内容是什么？
4. 企业运营管理中如何选择产品策略？
5. 企业产品质量总是越高越好吗？

◆ 创业实训

按照本书的框架，设计创业项目的总体运营策略。

7.2 采购与外包

在高度分工的社会中，企业经营活动中很多物品需要去采购。本节将介绍哪些物品需要采购，采购与外包有什么作用，以及如何进行采购。

7.2.1 采购与外包基础知识

1. 什么是采购

在创业项目所需的物品中，除了一些核心部件和软件自己研发外，绝大多数物料都需要进行采购。采购的物品既包括制造产品所需要的各种配件、零部件、耗材、包装物，也包括服务。假如创业者要进入餐饮行业，食品原料、半成品、调料等，还有"餐饮管理信息系统"软件，这些都是采购的内容。

广义来说，采购（procurement）就是以各种不同的途径，包括购买、租赁、借贷、交换、外包等，获得所需商品及劳务的使用权或所有权以满足使用的需要。

2. 什么是外包

所谓外包（outsourcing），是指企业将产品生产或服务过程交由企业外部的公司来做，利用企业外部的资源为企业内部的生产和经营服务。为维持核心竞争能力，解决自身能力不足的问题，企业可将非核心业务委托给外部的专业公司，以降低运营成本、提高品质、提高顾客满意度。在发达国家，外包是企业经营的主要方式，很多企业甚至将90%以上的业务外包出去，自己做轻资产、轻运营的公司。

外包的主要形式有生产过程外包和服务外包等。

生产外包也称委外加工，就是委托外部的企业或加工厂进行产品的加工制造。有些零部件企业自己不生产，而是交给外包企业，让它们按要求生产出来。生产过程外包是将部分生产过程外包给其他企业，例如，空调机厂将组装工作外包给其他企业。如果企业在某个环节做得不好或为了减少风险，就可以把该环节外包出去，交由专业的公司来做。

服务外包是指企业将内部的服务（如人力资源服务、财务服务等）或外部的服务（如物流、售后服务）外包给其他企业。例如，手机厂家将产品销往全国各地，顾客非常分散。按照国家售后服务标准，手机厂家往往在销售产品给经销商的同时，让经销商为当地的消费者提供售后服务，这就是售后服务外包。人力资源管理也是经常外包的项目。企业人力资源部门需要做招聘、考核、日常发工资等工作，有的企业就将这些工作外包出去，由专业的人力资源公司来做。很多企业都采用人事代理的形式，聘用的人员在公司上班，但并不是公司的员工，而是人力资源公司派来的员工。除此之外，企业中还有很多这样的服务外包活动。

外包的主要作用是将企业从非核心业务中解放出来，更专注于核心业务。企业不用再为这些自己不擅长的环节消耗精力，核心的业务就能做得更好。有研究显示，外包可以为企业节省 9% 的成本,而能力与质量则可以上升 15%,通过外包,企业能够提高其在行业中的竞争力。

一般来说,采购的范围可以涵盖产品和服务,而外包更侧重于服务。

和外包相关的还有两个概念。一个叫委外加工(简称委外),是指企业提供材料,将一个或若干工艺过程委托给其他企业。另一个叫外协,就是企业提供要求(通常包括图纸和具体说明),让其他企业按要求生产出特定的产品。近年来,出现了企业内生产外包的概念,企业在自己的厂房里,提供设备、材料、工具、动力等,将生产过程中的劳务外包给其他企业甚至个人。

如上所述,我们可以用采购代表采购、外包、委外、外协和服务外包等活动。

7.2.2 采购目标与优势

1. 采购的目标

采购的目标可以归纳为以下几个方面:

一是可得性,也就是通过采购获得需要的物品。二是质量要符合要求,不需要强求质量最好,但物品的质量应该与自身的定位相吻合。三是价格较低,在满足一定质量的前提下,价格比自己生产相对较低。四是供货及时可靠,长期的供货关系能够保证及时供应。五是有良好的售后服务。购入的物品最后装配到本公司的产品上,通过销售渠道卖给用户,如果用户在使用过程中出现问题,零部件供应商可以提供服务,解决问题。

2. 采购的优势

企业为什么要采购,能不能尽可能地实现自制呢?对于部分物品,采购和自制相比有以下三种优势。

第一,采购可以享受专业公司的产品和服务。很多原料(如专业的零件)具有技术壁垒,企业自己是无法制造出来的,或者自制的质量明显不如专业公司的。一些专业公司已经生产了很多年,积累了非常多的技术和经验,它们的产品质量好,又能提供相关的售后服务。

第二,采购价格较低。创业期的企业所需的物料数量可能不是很多,如果自己生产,固定投资较大,无法达到经济规模,单位产品所分摊的费用高,价格一定会很高。专业公司实行大批量生产,有比较强的生产能力与供货能力;由于具有市场竞争优势,价格也比较便宜,供货量能得到保证。

第三,采购可以简化企业自身的管理工作。生产过程中的花费,除了材料成本、人工成本以外,还有很多的管理精力成本。如果企业选择采购或外包,让别人帮自己生产,自然而然就不需要做这些管理工作,可以集中精力做好自己的主要产品和核心部件。

7.2.3 采购物品的分类方法与采购方式

1. 采购物品的分类方法

对于采购的物品有不同的分类方法。

（1）按物品的用途，可以分成生产物料，即生产产品所用到的物料；包装物，即产品所使用的包装，如包装盒、塑料袋、纸箱等；备件，也就是设备或产品中容易损坏的零部件；办公用品等。

（2）ABC 分类法。按照货值大小，较重要物资是 A 类，一般物资是 B 类，低值品是 C 类。不同类型的物品采购方法不一样，比如 A 类物资，因为价值比较高，对企业相对重要，也会占用大量的资金，就要少量、多频次采购。而 C 类物资货值小，占用资金少，可以一次多采购一些。

（3）按稀缺性，分为紧缺物质与一般物质。紧缺物资由于供不应求、供应商限制等原因，在市场上不容易购买。为了预防缺货，采购的时候要一次多买一些。一般物资供应充足，容易购买，就尽量少采购以减小库存。例如，2018 年中美贸易战开始，美国芯片行业的重要元器件对华禁售，这些物资就变成了紧缺物资。

2. 采购方式

（1）集中采购：针对大宗、高货值物品，通常一次谈判、长期（一年以上）供货。因为采购数量较大，集中采购免去了企业每次去买物品都需要与商家进行谈判的环节。企业一般找几个大的供应商，谈好供货价格，平时按照企业需要的货物数量和送货时间，通知供应商送货，按一定时间（如每月底）进行结算。一些集团公司通常将下属子、分公司的大宗物资集中起来进行采购。

（2）常规采购：由各个部门确定自己的物品需求，按月汇总到采购部门，由采购部门到市场上询价，进行采购。

（3）招标采购：发布招标公告，接受厂家与供应商的投标，经过开标最后选择供应商。招标采购常用于数额较大的一次性物资或工程采购，比如买设备、建厂房、购买工程所需材料、买保险等，都可以采用招标采购。国家政策规定，政府和事业单位一定金额以上的物品或服务，都必须招标采购。

7.2.4 采购流程

第一阶段：识别采购需求。公司内部在生产产品、提供服务过程中产生了需求，进而决定购买；也可能是公司有非生产经营性的需求，如办公用品等。

第二阶段：描述总体需求。采购人员应当确定所需要物品的总体特征以及数量，如物品的质量、可靠性、耐用性、价格范围等。

第三阶段：确定物品规格。这里主要指的是技术规格，使物品符合企业的需要。

第四阶段：寻找供应商。可以通过线上线下相结合的方式寻找供应商。比如联合相关公司、参加展会，或是通过网上搜索。企业也可以自己建立一个采购网站，发布采购需求，或者和其他公司一起成立一个采购联盟，通过联盟向外界寻找供应商。

第五阶段：征集方案，类似于招标。邀请一些潜在的供应商来进行方案说明，评估不同供应商提供的方案，主要指标有价格、产品可靠性、服务可靠性、供应商的灵活性、供应商的声誉等。

第六阶段：选择供应商。通过对供应商的评估，选择最有利的供应商。企业需要和供应商谈判，确定合同细节。

第七阶段：签订采购合同。内容包括品名、技术规格、数量、交货时间、退货政策以及保修服务、税收等。

第八阶段：评估采购绩效。请使用部门对供应商的产品进行评价，或者利用加权打分的方法，对供应商进行打分。

7.2.5　供应商的选择与管理

在采购过程中，除了看重物品外，其实还有更重要的因素叫供应商，因为物品是供应商生产的。产品的质量，跟供应商的技术水平、管理水平等关系密切，因此，企业要进行供应商的选择与管理。

1. 供应商考察因素

在选择供应商时，通常考察的因素（指标）如下：一是公司规模，公司规模比较大，生产一般比较正规，如果是小作坊，供应的可靠性就比较差；二是专业性，是不是对一种产品已经进行了多年的生产，是否拥有丰富的经验，是否有专利、软件著作权等知识产权；三是质量。此外，还要考察价格、交货期等。这些都是企业对供应商主要的考核指标。

企业要建立供应商的评估与选择程序，按照一套程序来评估供应商。如果供应商选择得不好，将影响企业以后的发展。

2. 供应商考核

要加强与供应商的沟通，建立计划分享机制。企业和供应商的关系，是合作伙伴关系，而不仅仅是交易关系。企业要把自己的计划分享给供应商，让其早做准备，这就是供应链协同的概念。

供应商进入正常供货后，企业要对供应商进行动态考核。考核每个月的合同完成率、交货量、质量、交货及时性、服务等，如果出现质量、交货延迟等问题，要扣分。考核结果作为供应商激励的依据。

3. 供应商激励

企业根据考核结果对供应商进行奖惩。奖励有多种方式，可以采用发奖金、增加供货份额、缩短结算周期等。对于做得不好的供应商，应给予惩罚。可以罚款、减少供货份额，甚至取消供应商资格。如果供应的物品质量出现严重问题，给企业造成较大损失，可以要求赔偿、停止合作，不让其继续供货，甚至提起诉讼。

7.2.6 采购与外包案例

│案例 4│

小猪短租的采购策略

对没多少钱而又经常出差，或喜欢穷游的人来说，有一个基本安全、舒适的住宿地，就容易满足了。因此，价格不高的短租服务需求很大。小猪短租（也叫小猪差旅，简称小猪）看中了这个市场，为游客和出差人士提供短租服务，租期一般 1~5 天。

那么，小猪如何解决房源问题呢？如果自己在各地建房，需要大量的资金投入，显然是不现实的。而小猪注意到，很多城里的房主愿意将房子分享出来，房主提供的可以是一整套，也可以是房子中的一居室。于是，小猪和各地的房主签订协议，将房源发布在网上供人短租。

通过这些措施，小猪汇聚了充足的房源，除了四合院、洋房、海边小屋和树屋，甚至还有花店、书店和剧场。你可以在书店的油墨香中睡去，也可以在剧场看看演出。2017 年，北京鼓楼西剧场在小猪平台成了全国首家可住宿的剧场；剧作家、《奇葩说》辩手史航受邀成了第一位房客。他说："住进剧场，就是以温柔的方式进入别人的生活，进入角色们的生活，成为他们的邻居。"

小猪搭建了一个互联网平台，通过外包的方式获取房源，迅速在市场上走红，"酒店之外，就是小猪"。

│案例 5│

联合利华的物流外包

联合利华是世界 500 强企业，主要生产日用品，包括洗衣粉、香皂、立顿红茶等产品，而宝供是一家专业的第三方物流公司。联合利华长期与宝供进行深度的合作，将采购物流、生产物流和销售物流都外包给宝供（见图 7-2）。

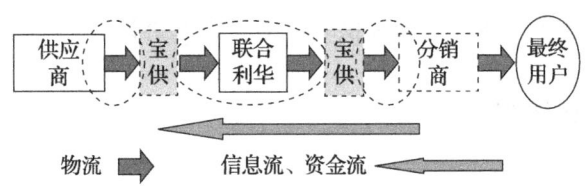

图 7-2 联合利华的物流外包

联合利华和供应商签订采购合同之后,合同就自动传给了宝供。宝供按照合同约定,到时间将采购物品取回,并存到自己的仓库;生产过程中,联合利华提前将每天需要的原材料规格、数量发给宝供,宝供按进度将所需材料从仓库中取出,送到联合利华的生产线;联合利华的产品在生产线末端交给宝供,宝供将其运到自己的仓库储存。同样,联合利华的销售合同也同时发送给宝供,宝供按照合同约定,从仓库中将所需产品送到客户手中。这样联合利华就不需要花很多时间来管理物流,从而专注于开发产品,提高生产过程的质量,降低生产成本,扩大市场销售网络。而宝供则提供高效的物流服务,对货物运输过程全程监控,提高了联合利华产品的流通速度与周转速度,实现了制造企业和第三方物流企业的合作共赢。

思考与练习

1. 什么是采购?
2. 采购的目标是什么?
3. 简述 ABC 分类法及其意义。
4. 如何进行供应商管理?
5. 外包有哪些常见的形式?

创业实训

分解创业项目的物料和服务需求,制定采购与外包策略。

7.3 生产过程和生产方式选择

创业初期,企业主要精力放在研发上,对于生产制造关注不多。然而,如果企业不在早期考虑制造问题,选择了错误的生产方式,往往对后来的发展有长期影响。因此,企业在创业初期就了解一些生产组织的相关知识,是很有必要的。

7.3.1 生产过程分类

企业生产过程有多种分类方法。

1. 按生产方法和工业流程性质划分

按照生产方法和工业流程性质来划分,生产过程可以分为离散型和流程型两种,采用这两种类型生产过程的企业相应地叫作离散型生产企业和流程型生产企业。

离散型（也称制造装配型）生产企业，主要是指一大类加工企业。它们的基本生产特征是机器将一个个零件加工好，再将不同的工件组装成具有某种功能的产品。由于机器和工件都是分立的，故也称之为离散型生产。如汽车厂、飞机制造厂、电子厂和服装厂等，都是离散型生产企业的代表。

流程型生产企业，是指被加工对象不间断地通过生产设备，如化工厂、炼油厂、水泥厂、发电厂等。其基本的生产特征是通过一系列的加工装置使原材料进行规定的化学反应或物理变化，最终得到满意的产品。由于生产过程是 24 小时连续不断的，人们也称此类生产为过程型或连续型。

这两种不同的生产流程的管理特点存在差异。表 7-2 总结了二者存在的差异点。

表 7-2 产品性质与经营特性对比

项 目	生产类型	
	流程型	制造装配型
顾客数量	少	多
产品品种个数	少	多
产品标准化程度	高	低
顾客定制化程度	低	高
顾客需求的变化	相对稳定	不断变化

流程型生产企业顾客数量比较少，而制造装配型企业顾客数量比较多；流程型企业产品的品种很少，比如化肥厂只有几种化肥，而制造装配型企业产品品种很多，比如手机有很多品种。

两种类型的企业管理重点也不一样，流程型企业关注的重点是设备的维护，因此保证年度综合计划非常重要；制造装配型企业则强调生产过程的同步，强调月度计划、周计划，因此生产作业计划非常重要。

2. 按组织所需资源的形式划分

如果按照组织所需资源的形式来划分，生产过程又可以分为工艺专业化和产品专业化。

工艺专业化，又称"工艺导向型原则"，是指按照工艺特征建立生产单位，将完成相同工艺的设备和工人放到一个厂房或一个区域内，这样构成诸如铸造厂、热处理厂、机械加工车间、车工工段、铣刨工段等生产单位。

产品专业化，也称生产对象专业化、成品专业化。它是指以一定种类或品种的产品为对象进行分工生产的专业化形式，在同一个区域完成一类产品生产所有的环节。比如某个企业是生产通信设备的，甲车间生产电话机，乙车间生产手机，丙车间则生产其他通信设备。产品专业化的优点是可以减少运输，简化生产管理，可以采用专用高效的设备，生产周期比较短。但它也有缺点，就是工艺与设备管理比较复杂，品种适应性差，如果市场发生变化，要改变生产线比较困难。

7.3.2 生产方式分类

生产方式是指企业为满足市场需求，而采取的生产产品的方式。

1. 按定制程度划分

按产品根据顾客要求定制的程度，加工工业可分为备货生产方式与订货生产方式。

备货生产方式（MTS）也称存货型生产或按库存生产，是在对市场需求量进行预测的基础上，有计划地进行生产，产品有库存。也就是说先把产品生产出来，再向市场销售。它的优点是可以大批量轮番生产，生产效率非常高，前提是需要准确预测顾客需求，推销工作有力。其生产管理的重点是抓供、产、销之间的衔接，按"量"组织生产过程各环节之间的平衡。人们常常接触到的电视机、冰箱、空调等企业大多采用这种生产方式。

同备货生产方式相对应的就是订货生产方式。它是在收到用户提出的具体订货要求（订单）后，才开始组织生产，进行设计、采购、制造、发货等工作。简单来说，有订单才开始生产，没有订单就不生产。由于每个订单不同，成品在品种规格、数量、质量和交货期等方面是各不相同的，需要按合同规定的时间向用户交货，因此成品的库存比较少。其生产管理的重点是抓"交货期"，按"期"组织生产过程各环节的衔接平衡，保证如期交货。订货生产总的周期较长，从顾客下订单到最后交货，过程很多，每个过程需要花费时间，因此就需要有效地做好计划工作，保证按时把货物交付给顾客。图7-3展示了几种不同生产方式的交货周期。可以看出，面向库存的生产（MTS）周期最短，面向订单的工程（ETO）周期最长。

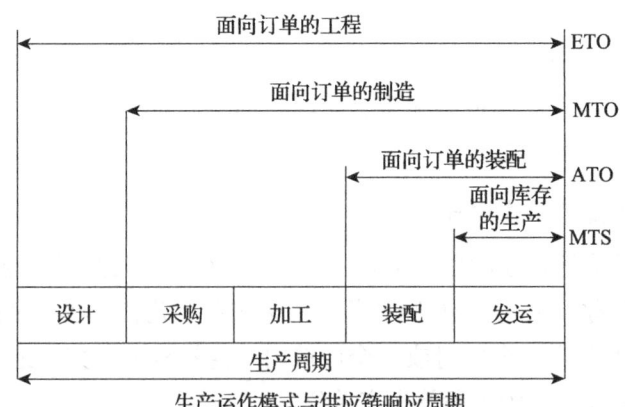

图 7-3　订货生产的周期

2. 按材料流动方式和集中处理程度划分

按生产过程中材料的流动方式和集中处理程度，生产方式可以划分为大量流水生产、单件小批量生产和成批生产。汽车装配线、手机生产线等，都是大量流水生产方式。单件小批量生产的"单件"不一定是一件，可能是几件。例如，大型设备的生产就是采用单件小批量的生产方式。成批生产的产量介于大量流水生产和单件小批量生产之间，采用这种生产方式的企业也很多。

7.3.3 创业公司的生产方式决策

创业公司进行生产方式的决策，主要有以下几个步骤：

首先，要确定企业的类型，是离散型生产还是流程型生产。这是由产品的性质决定的，有些产品只能用离散型生产，还有一些产品只能用流程型生产。也有少数产品采用一些专用设备之后，可以把离散型转变成流程型生产，大幅度提升生产效率，例如烟草生产。

其次，由产品的定制特性决定是面向库存的生产，还是面向订单的生产。需要考虑本企业的产品标准化程度如何。如果标准化程度高、规格类型较少，就可以选择面向库存的生产。而如果定制化程度很大，顾客需求变化很大，这时候就要按照订单组织生产。

再次，决定大量流水生产、单件小批量生产还是成批生产。创业初期，市场需求量可能很小，但是未来有可能增加很快。如果预测的批量比较大，就可以采用大量流水生产方式；如果批量很少，就可以用单件小批量的生产方式；如果批量是中等的，就用成批的生产方式。一般来说，非标设备采用单件小批量生产方式，标准设备、工业品零部件采用成批生产方式，而消费品采用大批量生产方式。

最后，做生产设施决策，决定是否建立生产线以及配套的生产设施。前面的生产方式决定之后，才考虑要不要建生产线，而不是盲目建生产线。有的创业者在产品还没有研发好、还没有决定采用什么生产方式之前，就盲目地仿照别人建起生产线，投资下去了，产量上不来，造成很大浪费。

思考与练习

1. 离散型生产和流程型生产的本质区别是什么？
2. 分析你的创业项目的特性，决定采用何种生产方式。

创业实训

综合运营管理的内容，设计"运营系统设计报告"，参考实训模板 7-1。

实训模板 7-1 运营系统设计报告

1 产品 / 服务描述
2 运营系统的总体结构设计
    2.1 运营系统的目标
    2.2 运行系统的总体战略
    2.3 竞争力优先指标

3 采购与外包决策
　　3.1 产品结构分解
　　3.2 自制与外包件分类清单
　　3.3 装配系统构思
　　3.4 外包供应商选择思路
4 生产方式决策
　　4.1 生产过程描述
　　4.2 按订单类型选择生产方式
　　4.3 按批量大小选择生产方式
总结

7.4 服务运营

7.4.1 服务运营的定义及特点

服务运营（SOM）是将人力、物料、设备、资金、信息、技术等生产要素（投入）变换为无形服务（产出）的过程。服务运营过程及其运行系统的设计、计划、组织和控制，是非物质形态的"无形"产品，这和制造业是有区别的。举例来说，看电影是顾客在电影院里面感受银幕上放的视频，这是无形的、不可触摸的，而且是不可储存、不可运输的。

服务运营有三个显著特点：

（1）服务业的产出是无形的、不可触摸的，是不可储存和运输的。这就要求服务运营：①将无形服务有形化，借助服务过程中的各种有形要素（包括实物、数字、文字、音像、实景、事实及其他可视方式），使无形服务及企业形象具体化、便于感知；②将服务产品、服务环境、服务提供者有形化。

（2）服务提供过程中有顾客参与，生产与销售甚至消费是同时进行的。生产、销售职能不是严格划分的。顾客参与可以增加销售，但影响服务效率。要鼓励顾客适度参与。为提高效率，可以将前台与后台分开。

（3）服务需求随着时间、地点变化很大。服务设施的能力具有很强的时间性。人员能力、设施能力和设施分布地点都具有独特性。从每天地铁的客流量分布（见图7-4）可以看出，早上7:00~8:00上班的时候，是早高峰，需求量很大；中间几小时会平稳下来；下午下班的时候又会出现人流高峰，到晚上又逐渐降下来。但是地铁车站的服务设施是不变的，这就需要根据客流量多少，调配车辆、人工、服务项目，适应顾客的需要。

7.4.2 应对顾客需求变化的策略

服务业常常面临顾客需求变动很大的问题，比如地铁客流量、食堂就餐人数、旅游景点人数等，随时间波动很大。那么服务运营中如何应对需求波动呢？可以从主动影响需求和被动应对需求波动两个方向入手。

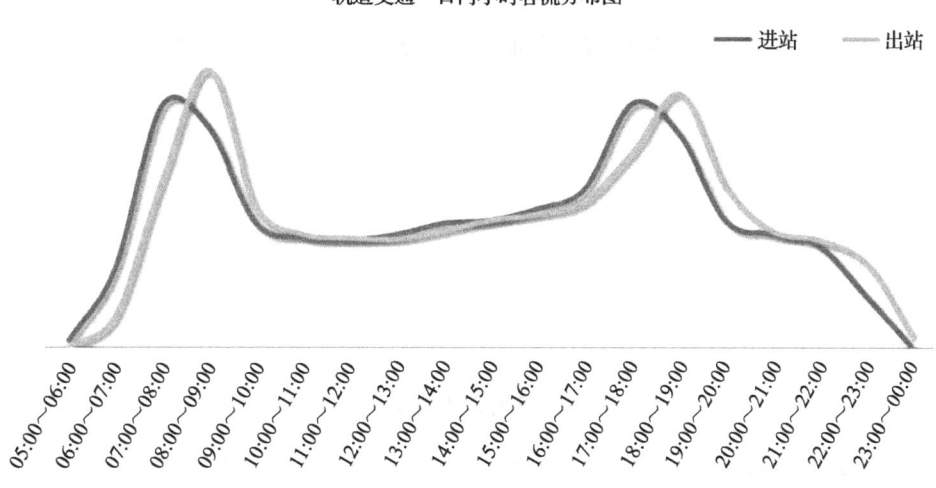

图 7-4 某地铁站客流时间分布图

1. 主动影响需求的策略

主动影响需求，就是通过各种措施，降低高峰时间段的需求，使得需求尽量平缓一些。主要有如下策略：

（1）固定时间表：对于基于设备、高接触的服务业，可以采用固定时间表的策略，如航班、车次、图书馆等。

（2）使用预约系统：适用于基于人员的服务业，如牙医、律师、咨询服务等，都需要提前预约，以匹配服务能力和顾客需求之间的矛盾。

（3）推迟服务：比如家电故障维修，明明半小时就能修好，但是企业为了让自己的计划有一定弹性，总会承诺3天交货。还有电商物流，实际上可能一天就可以送达，但承诺时间是4天，让卖家有一定的时间回旋余地。

（4）为低峰时的需求提供优惠：以这种方式引导顾客前来消费，可以减少高峰时间段的需求，同时利用低峰时间段的服务能力，比如有些球馆，晚上11点以后价格很低。

（5）提供替代方案（替代路线等）：将顾客从拥挤的服务点引导到非拥挤的服务点。

2. 被动应对需求波动的策略

有些需求你无法引导，只能被动应对。主要策略有：

- 改善人员班次安排。在高峰时间段增加服务人员，低谷时间段减少服务人员。
- 在高峰时段利用半时工作人员（钟点工）。
- 由顾客选择不同的服务。利用价格等调节因素，对顾客进行分流。比如自助餐服务效率高，那么餐馆就对自助餐低收费，桌餐的客流就会减少。
- 利用外单位设施，借用别人的服务能力。
- 雇用多技能工人。服务过程的不同环节，可能有的拥堵、有的清闲，多技能员工容易调配，提高拥堵环节的服务能力。
- 采用生产线方法。工业生产线具有很高的效率，应用在服务业中，可以大大加快服务速度。这也是服务业发展的重要方向。

7.4.3 服务运营案例

|案例 6|

海底捞及其服务运营

海底捞是著名的餐饮企业，其让顾客满意、人性化管理、后台标准化生产的运营策略给我们很多启示。

一、海底捞企业背景

海底捞 1994 年在四川成立，创始人为张勇。它以经营川味火锅为主，融各地火锅特色为一体，逐步成为大型直营的餐饮品牌服务店。海底捞在简阳、北京、上海、深圳等城市以及韩国、日本、新加坡、美国等国家有直营连锁餐厅。经过 20 多年艰苦创业，海底捞从一个不知名的小火锅店成长为大型企业，拥有近 2 万名员工、100 多家直营店、4 个大型现代化物流配送基地和一个底料生产基地。

海底捞的发展之所以会如此迅速，跟它们的经营理念有很大关系。张勇认为，餐厅的口味很重要，可以根据各地的不同口味，调配油水配比，这是一个关键点。比如在四川成都，其油水配比很高，而在江浙等南方地区，其火锅底料里面的油就比较少，水就比较多。其次，张勇认为最重要的一点是服务，提供让顾客满意的服务。因此，海底捞就树立了"服务至上，顾客至上"的理念。在食材方面，海底捞采用绿色无公害一次性食材。以上这些措施结合在一起，创造了海底捞奇迹。

二、海底捞的运营策略

1. 服务让顾客满意

海底捞的服务采用 16 字方针：有求必应、无微不至、嘘寒问暖、小恩小惠。

（1）有求必应。顾客有任何问题，向服务员提出请求的时候，服务员需要在第一时间答应下来，尝试解决后，将结果反馈给顾客。当然，有两种可能性：一是真能解决，二是不能解决。能解决更好，不能解决的要跟顾客讲清楚你的困难，求得顾客的理解，这叫有求必应。

（2）无微不至。面对任何一个细小的事情，服务员都应该充分重视，举轻若重。在服务过程中，服务员要随时观察顾客的一些细小变化，比如餐盘里面是否有杂物，桌上是否有充足的纸巾，顾客是否需要添水等，在这些细节上要无微不至地关心。

（3）嘘寒问暖。服务员发自内心地关怀和帮助顾客，其中要体现主动性，主动关注顾客，关心顾客。

（4）小恩小惠。海底捞免费的服务非常多，比如在等待的时间就有很多零食小吃、饮料，顾客离开时还可以带走很多小礼物,这就是小恩小惠。

海底捞通过这16字方针、四项措施,让顾客很满意。

2. 人性化管理

如何让服务员心甘情愿、发自内心地为顾客服务呢?这就关乎海底捞的人性化管理。首先,海底捞给予员工很好的福利待遇,比如良好的宿舍,在宿舍请专人帮员工洗衣服、打扫卫生;其次,建立独特的激励机制;最后,保障员工的独立自主权,任何一个服务员都有权利给顾客免单。这就是海底捞的人性化管理。

此外,海底捞的考核机制也是一大特色。海底捞总部对分店不考核利润指标,也不考核营业额和餐饮业常用的 KPI。因为这些指标只是做事的结果,事情做不好,这些指标不可能高;事情做好了,这些指标自然不可能低。绩效考核元素越多,越容易失衡。所以,海底捞的考核只有三类定性指标:顾客满意度、员工积极性、干部培养。

3. 后台生产标准化

如果要把服务做得很细,就需要投入很多的人力,增加服务人员,必然伴随着成本的上升,这就是服务业企业的矛盾所在。海底捞是如何处理这种矛盾的呢?第一,它建立了配送中心,通过规模化的生产和成本管理来降低成本;第二,采用现代化的生产设备,能用机器的,绝不用人;第三,建立高效的信息化平台,提供从点餐到结账的一条龙服务。

4. 海底捞的运营启示

《哈佛商业评论》杂志 2019 年发表的一篇文章指出,海底捞的成功来自以下这些原因:①对人性的直觉理解;②对农民工群体的直觉理解;③对餐厅服务员的直觉理解;④对成千上万顾客的直觉理解。那么,海底捞的成功对于我们有哪些运营上的启示呢?

首先,服务业运营的核心是让顾客满意,也就是需要运用 16 字方针;其次,要让顾客满意,必须使员工有动力,因此需要开展人性化管理;再次,采用自动化设备,尽可能降低运营成本;最后,采用信息系统提高管理效率。

◆ 思考与练习

1. 海底捞成功的经验有哪些?
2. 服务业有哪些特点?
3. 如何主动影响顾客需求?
4. 如何被动应对顾客需求?

◆ 创业实训

根据你的服务创业项目的特点,初步设计服务运营策略,参见实训模板 7-2。

实训模板 7-2 服务运营系统设计报告

1 服务交付系统
    1.1 服务系统的描述
    1.2 服务交付系统平面布置

  1.3 服务人员测算
2 服务能力测算
  2.1 服务设施简介
  2.2 服务能力计算
3 顾客需求特征分析
  3.1 顾客分类
  3.2 需求的时间特征
  3.3 需求的其他特征
4 需求波动应对策略
总结

7.5 企业物流规划

企业物流包括采购物流、生产物流、销售物流等。本节介绍创业企业物流规划的内容和步骤。

7.5.1 企业物流概述

物流是最近20多年才出现的新兴事物。创业项目不管是生产型的还是服务型的，都离不开物流。企业涉及的物流过程包括采购、生产、销售等。据相关数据统计，制造企业物流成本往往占销售额的3%～10%。物流的成本、效率、可靠性影响着创业的成败。因此，对初创公司而言，进行物流规划是很有必要的。

21世纪初，美国专家曾经提出一个观点：物流是"第三利润来源"。此理论认为第一利润来源于降低物耗，但降低材料消耗是有限度的；第二利润来源于提高劳动生产率，但随着工业的发展，越来越多的智能化机器投入使用，使得产品的加工时间只占总时间的5%，劳动生产率难以进一步提高；第三利润来源于现代物流，有些企业的储存、搬运、运输、销售、包装等作业占据了95%的作业时间。

通常企业从供应商那里购买原材料，经过生产加工，最后把产品销售出去，需要经历采购物流（从供应商到企业）、生产物流（企业内部从车间到仓库或是从仓库到车间）、销售物流（产品入库到交付给顾客）三个环节（见图7-5）。

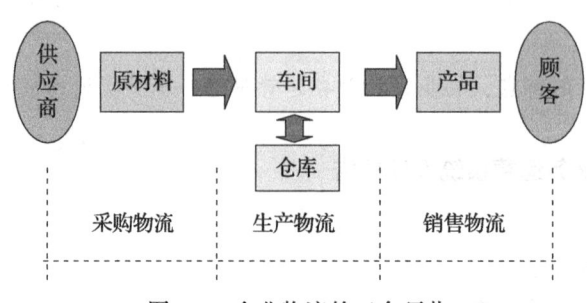

图7-5 企业物流的三个环节

7.5.2 采购物流

1. 采购物流的定义

采购（或称供应）物流位于生产的前端，起着"龙头"作用。随着客户需求的多样化与个性化，生产过程对物料的柔性（多样化）、刚性（质量）需求体现在物料的采购与供应环节中。采购物流是企业为提供原材料、零部件或其他物品时，物品在提供者与需求者之间的一个实体流动，这是国家标准上的定义。采购物流可能有多种途径：有些直接从供应商到企业材料仓库，有些需要经过汇集、循环取货等方式，送到企业仓库，或直接进入车间甚至生产线（见图7-6）。

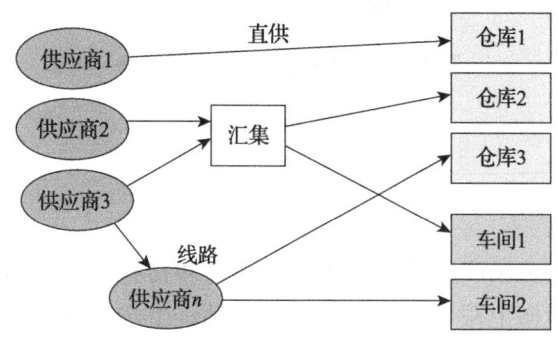

图7-6 采购物流示意图

改进采购物流的效率，就是要分析供应商分布、材料（或零件）特性与生产需求的规律，选择最经济的方法。例如，有些企业（如汽车厂）采用准时生产制，其关键零部件（如发动机）就由供应商根据装配线的节拍，直接把物料送到生产线对应的工位，直接装配上汽车，无须再进入企业仓库。

2. 采购物流模式分类及改进策略

根据采购物流的运输承担方，可以将采购物流分为：供应商送货模式、生产企业提货模式、第三方物流服务模式、供应商管理库存（VMI）模式。

如何改进采购物流？

- 分类管理：区分不同的物料，改进采购方式。
- 运输策略：送货和提货相结合，多种运输方式组合。
- 利用第三方物流。
- 减少供应商数量。
- 直接供货到车间：减少内部物流。
- 共享库存：和同类企业合作。
- 供应商管理库存（VMI）。

举例来说，联合利华把物流外包给宝供，其中一个环节是采购物流。联合利华向供应商购买原材料,比如买茶叶原料,那么这个合同签订的同时宝供就能看到。宝供根据合同上的约定,派车辆去把茶叶从供应商那里取出来,放到宝供自己的仓库里。在生产过程中,宝供根据联合利华生产线的需求,从仓库里把茶叶原料送到联合利华生产线,联合利华把产品生产出来。这样,联合利华就不需要管采购物流的相关事宜,集中精力做好研发和生产就可以了(见图7-7)。

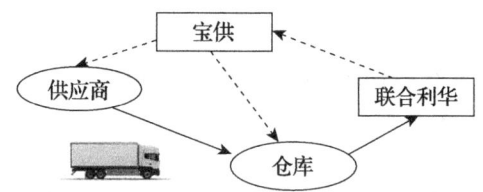

图7-7 联合利华的采购物流服务

7.5.3 生产物流

1. 生产物流的定义

生产物流是指企业在生产工艺中的物流活动,即物料不断地离开上一道工序,进入下一道工序,不断发生搬上搬下、向前运动等活动。生产物流贯穿生产全过程,物料经历生产系统各个生产阶段或工序的全部运动过程,就是生产物流。根据《中华人民共和国国家标准:物流术语》,生产物流是指生产过程中发生的涉及原材料、在制品、半成品、产成品等所进行的物流活动。

生产物流主要由三部分构成:生产前的活动中,对原材料及配件的取用;生产过程中,物资、在制品、半成品的时空移动;生产过程结束后,产成品的时空移动。

这里举一个案例,某农药厂的农药灌装线(见图7-8)。农药生产过程完成之后,工人在生产线末端将农药装箱,就地码放。另外,一个工人用推车将箱子集中到车间门口集中码放。然后,由工人将农药拉到附近的成品仓库。当仓库库存累积到一定数量后,顾客前来提货,工人再用平板车将农药拉出,装上卡车。这个过程环节太多,有很多地方可以改善。

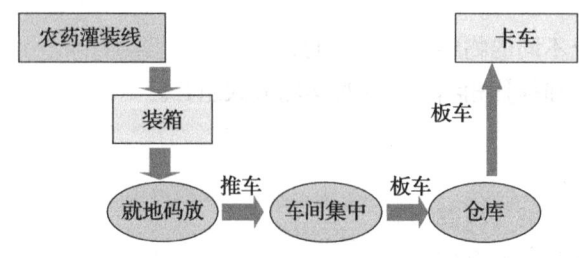

图7-8 农药生产物流示意图

2. 生产物流管理策略

企业生产离不开物流。为尽量减少企业内部的装卸和搬运,企业该采取什么样的生产物流策略呢？

- 原料库、生产车间、成品库尽量靠近。
- 采用专用工位器具、专用车辆。
- 采用托盘和叉车，减少人工搬运量。
- 和销售系统密切合作，按订单及时生产。
- 内部物流外包。

7.5.4 销售物流

1. 销售物流的定义

销售物流，又叫分销物流，是企业在出售商品过程中所发生的物流活动，具体是指将产品从下生产线开始，经过包装、装卸、搬运、储存、流通加工、运输、配送，一直到最后送到用户手中的整个产品实体流动过程。

销售物流可以分为以下四种方式：

（1）传统送货方式。由生产者将货物送给购买者。

（2）配送方式。按配送主体不同，又可以分为两种：一是企业自己配送，二是通过第三方物流企业或配送中心配送。

（3）JIT方式。按照客户的准确需求，按时、按量将货物送到指定地点。

（4）VMI方式。供应商为客户管理库存并配送到生产线，可能包括材料的采购、储存、拣货、向生产线配送等一系列过程。

从生产车间到成品库，到最后将货物送至顾客手中，销售物流有很多的通道，如图7-9所示。

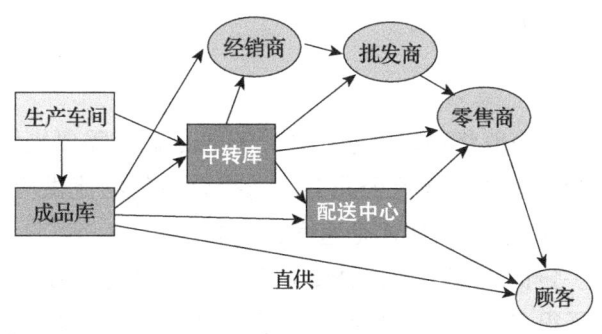

图7-9　销售物流示意图

在图7-9中，一种方式是直接将货物送到顾客手中，称为直供；另外一些通道，是通过中转库、配送中心、经销商、批发商、零售商送达顾客。比如一些大的家电公司在很多城市建立配送中心。当顾客下达订单之后，配送中心可以快速将成品送至消费者手中，如此可以大幅提升销售物流的配送效率。

2. 销售物流的应对策略

要提高销售物流的效率，有多种应对策略：

- 和销售系统紧密结合，按订单生产，产品生产完成之后不进入成品库，立即发送给客户。
- 利用第三方物流，将产品销往全国乃至全球。
- 减少渠道层次，最好是直供。
- 依靠信息流，减少货物流。
- 共享配送系统：和同类企业合作，共同配送。
- 和客户开展供应链合作。

7.5.5 创业企业物流规划

1. 物流规划的基本内容

（1）设定客户服务水平（响应时间）。比如，我们承诺顾客下订单之后，三天到货，物流系统就要按照三天的时间来进行规划，确保三天送达。

（2）设定服务成本，如将物流成本控制在销售额的 1% 以内等。

（3）物流服务网络设计：包括设施选址、仓库设计、运输、配送方式等。比如自己建仓库还是租用、自己买车运输还是运输外包、自己配送还是找快递公司配送等。

（4）设计物流管理组织架构、管理模式和物流流程。企业要管理物流，需要有物流管理部门，比如运输部、物流中心等。是将物流放在营销部门，还是放在生产部门或采购部门，都要进行规划。

（5）库存战略和运输战略设计。

（6）物流信息系统的规划、设计。

2. 创业期的物流规划

初创企业规模较小，一般将物流外包出去，不自己做。需要规划的关键内容包括供应商选择、仓库的位置、合作的物流公司等。选择合适的物流供应商，建立合作关系，把保证货物的安全放在第一位，其次才是速度、成本。

如果企业达到了一定的规模，可以请专业公司在生产过程设计时，充分考虑物流。例如，丰田汽车建立了很多传送带、管道，用于内部的产品流动。企业要充分利用社会资源，比如运输公司、仓储公司、第三方物流等，统一运作，效率更高，成本更低。企业还需要将企业的物流系统与信息系统紧密结合起来。

3. 物流合作伙伴的选择

创业企业由于规模小、物流量少，除非自己的产品体积很大、某些方面很特殊，否则都应该选择社会物流服务。社会物流企业主要有四种类型：运输公司、快递公司、仓储公司、第三方物流。每种物流企业的运作方式不同（见表7-3）。

表 7-3 社会物流企业比较

比较项目	运输公司	快递公司	仓储公司	第三方物流
主要功能	将货物从一个地方运到另外一个地方	将快递包裹送达用户手中	货物的储存、代发货	提供解决方案，协调相关公司执行
擅长	长途、异形、大件产品运输	中小件快速交付	货物暂存	综合解决物流问题
速度	较慢	很快		根据需要
物流距离	长	长		均可
服务范围	国内	国内外		国内外
价格	较贵	便宜		最贵

选择物流供应商，需要考虑产品特性、时间要求、费用等因素。近年来，快递行业发展迅速，很多产品（包括大件、冷藏品等）都可以通过快递公司送达世界各地。快递公司是优先选择。还有同城配送，速度快、价格不贵，也是很好的选择。

创业实训

请对你的创业项目的物流进行初步规划。

第 8 章

CHAPTER 8

创业团队与股权设计

创业团队是创业成功的最重要因素,股权设计是公司发展的根本大计。本章首先介绍创业团队组建的相关知识,然后介绍股权设计的方法。

8.1 创业团队组建

8.1.1 创业团队简介

一般来说,我们把创业分为三个阶段:从 0 到 1、从 1 到 100、从 100 到 1 000。

从 0 到 1 是创业者把想法落实到产品,形成产品的初步形态,实现 0 的突破,这个时期是创业者最艰难的时刻,一般需要 1~3 年才能走出死亡谷。在这个过程中,创业者要面对各个方面的压力和挑战,合伙人选择、商业模式、用户开拓、人才招聘、融资等都很难,因此有很多创业项目出师未捷。其中创业带头人的作用是最重要、别人无法取代的。

从 1 到 100 的阶段,企业模式基本成型,是模式批量复制、团队迅速扩张的阶段。创业者需要充分信任和授权,团队的力量开始发挥作用,团队是成功的关键。同时,企业的经营管理模式要随着规模的不断扩大及时调整。

从 100 到 1 000 的阶段,公司开始按部就班,像一部机器一样运转,这时候需要职业经理人操盘。创业团队的知识、能力和工作作风可能跟不上公司的发展,需要退到二线位置,甚至退出管理层。在这个阶段,企业的制度、文化才是最重要的。

创业团队是为创业而形成的集体。它使各成员联合起来,在行为上彼此影响,在心理上彼此有归属感。一个优秀的创业团队应该具备三个基本要素:一个胜任的团队带头人;彼此十分熟悉、能够相互很好地配合的团队成员;创业所必需的足够的相关技能。

任何一个创业项目一定会有一个人作为最核心的带头人，当然了，有时有两个人创业，比如乔布斯和沃兹尼亚克、比尔·盖茨和保罗·沃伦。团队成员之间很熟悉，或是同学关系，或是很好的朋友，或是从小在一起长大的伙伴等，他们之间的信任是非常重要的。

8.1.2 创业团队基本要素

1. 创业带头人与创业团队

创业带头人是领导者而不仅仅是管理者。领导者是那些可以清晰地告诉别人如何做得更好，而且能够描绘出愿景来激发人们潜力的那种人，他给团队指明方向。当与这种带头人合作时，团队成员能感受到美好的发展前景在等着他们。再苦再累，大家都是为未来奋斗，这是领导者要传递给团队、员工的一个重要信号。比如张瑞敏、任正非等，他们刚开始创业时，公司规模可能很小，但是还有一帮人铁了心跟着他们干，因为大家看到了美好的前景。

创业带头人需要具备五大素质：领袖魅力、感召力、智慧、个性化关怀、德行垂范。带头人是创业成功的关键，如果不具备领导者的素质，很难有大作为。如果带头人有问题，创业初期也许能够取得一点成功，但是时间长了，公司很难发展壮大，就会走向坎坷的发展道路。

创业带头人可能是技术出身，也可能是管理、营销出身。带头人是经营者，需要具备敏锐的市场眼光；带头人又是管理者，必须具备管理者的素质——自信、诚信、乐观、坚毅、果敢。创业项目最后要在市场上盈利，如果创业者是技术出身，不具备市场眼光，很难把技术转化为产品，在市场上取得成功。因此，技术型创业者不能只关注技术。

2. 团队的知识与技能

创业团队最需要掌握的知识与技能，主要有产品研发、市场开拓、生产组织、行政管理、财务核算等。创业的不同阶段，创业团队需要的知识与技能也不尽相同。比如初期的时候可能更需要研发与市场开拓能力，中期可能更需要生产组织能力，后期更注重财务核算、行政管理。

举例来说，一个农村电商的创业带头人，需要对产品了如指掌，具备包装、营销、运营推广、美工设计、沟通、物流、售后服务等方面的技能。通常，农村电商一般不会有很大的创业团队，可能也就三五个人，很多事情需要创业带头人亲力亲为，因此对他的综合素质要求比较高。

8.1.3 团队的组建需要注意的问题

1. 团队成员的互补性

创业团队成员首先在知识和技能上要有一定的互补性。比如有人擅长营销，有人擅长研发，有人擅长人力资源管理，还有人擅长财务核算。其次，性格互补是团队组建的第二要素。如果大家的性格都比较急躁，遇到事情不能冷静地处理，就不利于企业的发展。最后，团队成员需要把团队利益放在首位，在创业期间不要太计较个人利益，应一心为创业项目和集体。

2. 不同阶段对创业团队的要求

创业团队应按照公司不同阶段的需要，分别吸纳成员。初期的时候，是技术开发、样品制作、尝试市场的阶段，需要吸收研发能力强、了解市场的成员。创业中期是产品生产、市场推广的阶段，需要生产、销售、采购相关的成员。而后期公司进入快速扩张期，需要熟悉融资、资本运营的成员。

3. 避免团队组建的隐患

创业团队组建的过程中，还应该规避团队组建中的隐患。

（1）避免把品德有问题的人放入团队。也许这些人能力很强，但对公司而言是个隐患，一旦出事，可能给公司带来毁灭性的打击。

（2）避免把不具备知识和技能的人放入团队。这些人往往擅长溜须拍马，不但对公司的贡献较少，而且会消耗公司的资源。

（3）避免找和自己知识结构、性格等相同的人。这样的人在创业中无法形成互补。

（4）避免局限于家人、朋友、熟人。团队成员需要有共同的理想，在创业初期，家庭或熟人之间可能比较好沟通，但等公司达到一定规模后，可能会产生很多的内部矛盾。

（5）避免团队成员在某些技能上有明显的短板。

8.1.4 案例：腾讯的创业团队

20世纪90年代末期，马化腾和张志东一起创业，注册成立了腾讯计算机系统有限公司，之后，他们的团队中又吸收了同为深圳大学计算机专业同学的许晨晔，同时加入的还有马化腾在深圳中学时的同学陈一丹，后来加入的还有曾李青。几个人各有特点，担任不同的职务：

- 马化腾任CEO（首席执行官）：知识和能力全面，是典型的带头人。
- 张志东任CTO（首席技术官）：头脑非常活跃，对技术很沉迷。
- 曾李青任COO（首席运营官）：最开放、最具激情和感召力。
- 许晨晔任CIO（首席信息官）：非常随和、有主见，但不轻易表达，是有名的"好好先生"。
- 陈一丹任CAO（首席行政官）：十分严谨，同时又是一个非常张扬的人，能在不同的状态下激发大家的热情。

这几个人的性格特点组合得非常好，这也是腾讯能够迅速发展起来的重要因素。马化腾作为首席执行官，其综合素质较强，市场眼光较好。张志东是首席技术官，他思维非常活跃，对技术很沉迷，早期的 QQ 等软件都出自他之手，具有非常专业的技能。曾李青是首席运营官，他非常开放，最具激情和感召力，能够把各方面人员的积极性调动起来。许晨晔是首席信息官，有主见、有自己的思想，但不轻易表达。陈一丹是首席行政官，十分严谨又十分张扬。这五个人组合起来就是一个互补性很强的团队。

创业实训

画出创业项目团队建设表，分析团队成员的知识、能力结构和性格特征，诊断团队组成的不足，并提出改进措施（见表 8-1）。

表 8-1 团队建设表

姓名	角色	专业特长	职位	贡献	不足
	带头人	技术			
	成员	管理			
	成员	营销			

8.2 创业公司的股权设计

创业初期股权设计应考虑股东人数、股权比例的确定、出资还是技术入股等，需要综合考虑多种因素。

8.2.1 股权的含义

为了明确股权的含义，首先要明确企业与公司有哪些类型，企业与公司之间的概念是不一样的。

企业分为三种：个人独资企业、合伙企业、公司。

公司分为四种：有限责任公司、股份有限公司、集团公司、一人有限责任公司。

通常，创业企业大都是有限责任公司、合伙企业、个人独资公司，其中有限责任公司更多一些。

股份代表对公司的部分拥有权，分为普通股、优先股、未完全兑付的股权。

股份一般有以下三层含义：

- 股份是公司资本的构成成分。
- 股份代表了公司股东的权利与义务。
- 如果上市，股份可以通过股票价格的形式表现其价值。比如你持有公司 1 000 万股，股票价格是每股 5 元，那么你拥有的股票面值就是 5 000 万元。

8.2.2 创业股权设计的重要性

股权设计合理，有利于公司长治久安；股权设计得不好，就会埋下隐患。

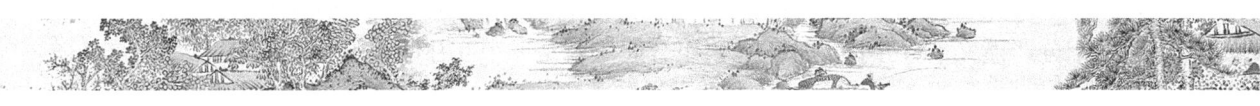

:案例:

真功夫的股权之争

1994 年，蔡达标夫妇入股妻弟潘宇海开的饭店，双方各占 50% 的股份。此后的几年，饭店生意越来越好，开了很多家连锁店。蔡达标擅长战略规划，而大厨出身的小舅子擅长开发菜品和执行，两人在当时，还是互不可缺的，被称为"梦幻组合"。2003 年，两人在著名品牌策划人叶茂中的帮助下，把饭店品牌升级为"真功夫"，整个品牌高端大气上档次，进军一线城市 CBD，成了"中国第一中式快餐连锁"。此后，由于经营理念不同，董事长蔡达标排挤潘宇海、和妻子离婚并骗取其股份。潘宇海和他的姐姐感到非常愤怒，联合到法院起诉蔡达标，理由是挪用公款。结果蔡达标被判 14 年，真功夫的发展也是风光不再。

这个故事有很多地方值得创业者深思，其中最重要的一条是，当初双方各 50% 的股权设计埋下了后来冲突的祸根。因此，创业团队应该汲取教训，重视创业股权设计。

在进行股权设计时，要明确公司内部的几种角色：创始人、联合创始人、员工和外部投资人。创始人和联合创始人必须要全职投入，如果创始人只是兼职创业，让家人、朋友、下属等来出面负责公司的运行，创业很难成功。创始人可以出资也可以不出资，因为创始人是以过去的经验和资源以及未来对公司的全职投入作为条件，来换得公司的股权的。一般的股权投资规则是，创始人出小钱或不出钱占大股，投资人出大钱占小股。

投资人应该清楚，投资人只挣投资人的钱，不挣创始人该挣的钱。不管你帮创业团队做了多少事，都是你的资本的增值部分，也是别人同意你投资的理由。

8.2.3 股权设计方法

下面介绍具体的股权设计方法。

1. 股东多少人为宜

股东少和股东多各有利弊，股东少的好处是容易达成统一的决策意见，而股东多的好处则是拥有更多的资源，有事情可以找人商量。因此在创业期间，对于股东多少的选择，要做好权衡。根据以往的创业经验，股东少对于创业公司的发展更好。

2. 哪些人该拥有股份

第一，创业带头人需要掌握股份，事情因他而起，未来靠他发展，因此通常创业带头人的股份相对较多,甚至超过50%。第二,对公司有贡献的人,如技术、营销等为公司做出了特殊贡献的人。第三,有能力的人,未来公司的发展离不开这样的人才。第四,出钱的人,创业也是需要单纯投资人的。

3. 哪些人不应该拥有股份

- 没有贡献、没有能力的人。
- 想拿干股的人:领导、关系户。
- 想控股的投资人。
- 帮过忙的人,尽量通过其他途径(而不是股份)来给予回报。

4. 股份比例如何确定

股份是非常稀缺的资源,不要轻易许给他人。那么股份比例如何确定,特别是在创业团队人员较多的情况下?通常,股份的比例确定有以下几个基本原则:

- 带头人绝对或相对控股。
- 按照贡献或能力分配股份。
- 按照出资额分配股份。
- 避免平均分配股份。

我们看一下腾讯最初的股权分配。腾讯团队刚开始创业时,股份分配如下:马化腾出资23.75万元,占47.5%的股份;张志东出资10万元,占20%;曾李青出资6.25万元,占12.5%的股份;其他两人各出5万元,各占10%的股份。

马化腾说:"要他们的总和比我多一点点,不要形成垄断、独裁的局面。"而同时,他自己又一定要出主要的资金,占大股,"如果没有一个主心骨,股份大家平分,到时候也肯定会出问题。"

5. 现金出资还是技术入股

进行股权设计的时候,还要考虑一个因素:是现金出资还是技术入股。一些创业人可能因为自己持有技术,因此表明自己无须出资。但在创业初期,由于技术难以评估,再加上有些技术是大家共同研发出来的,因此尽量不要用技术折算资金计算入股数。后期的时候,公司溢价,就可以将技术作价入股。

6. 其他需要考虑的因素

在股权分配上,还有一些其他需要考虑的因素,比如持股平台、股权预留。

持股平台:有时候投资人(股东)太多,在召开股东会、做决策、融资等问题上难以形成统一意见,不利于公司发展。可以成立一个持股平台公司,把股份不多的小股东集中到这个持股公司,由持股公司以单独的名义在创业公司中持股。

股权预留：可以作为引进人才、引进合作伙伴、引进投资者的筹码。假如一开始创业团队瓜分了所有的股权，后期如果还有投资者想入股，可能就没人愿意转让股份了。如果大家都按同比例稀释股权，也有人不乐意。预留股权就可以解决这一问题。预留股权可以由带头人代持，需要时再转让给相关的人或相关企业。

8.2.4 股权与决策权

在股权设计过程中还有股权与决策权的问题。股权通常就等于决策权，但又不完全是一回事。创业初期，带头人及团队拥有几乎全部股份。随着多轮融资，股权逐渐被稀释，带头人及团队可能失去控制权。但是公司章程如果有约定，股权可以不等于决策权。阿里巴巴股权示意图如图 8-1 所示，有的股权比例虽不足 1%，但有很大的决策权。

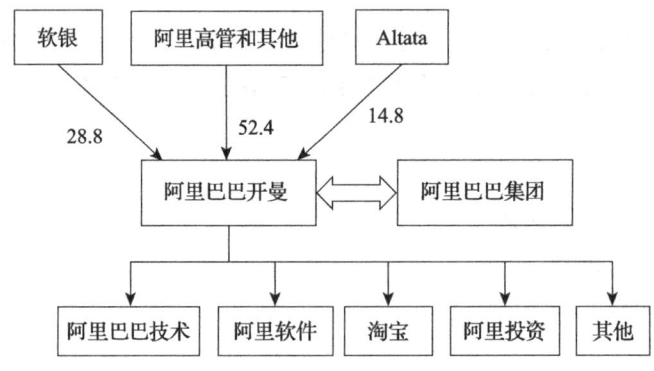

图 8-1　阿里巴巴股权示意图

创业实训

画出股权结构表，分析创业团队成员的作用，提出股权设计的整体思路，并规划股权结构（见表 8-2）。

表 8-2　股权结构表

姓名	角色	职位	已有或潜在贡献	股份比例	出资（万元）
	带头人				
	成员				
	成员				
	投资人				
合计				100%	

第 9 章

项目评估与融资

创业的目的是赚钱,所以要进行财务核算。在进行财务核算之前,要预测销售额,测算成本,再预估利润。在此基础上进行融资规划,识别风险并对风险进行控制。

9.1 销售预测与成本测算

9.1.1 销售预测

创业项目要测算销售量。如果是产品,要预测企业能销售多少台、多少套或多少件;如果是服务,要预测未来的销售额是多少。除了预测第一年的销售额,还需要预测后面第二年、第三年等的走势。销售预测同样是创业项目希望通过努力可以达到的目标。虽然管理学上有很多销售预测方法,但对于创业项目,前期缺少销售数据的积累,只有部分方法适用。市场份额预测法、设施能力预测法、年度增长比例预测法等是可以采用的方法。

1. 市场份额预测法

市场份额预测法是根据市场总规模大小,按照本公司期望的份额预测销售量,也就是根据市场的大小,以及本企业能够占的比例,估计销售量。

市场份额预测法首先要通过市场调查,获取全国或是某个省、市的总销量。比如通过市场调查,去年某种产品全国卖了1 000万件,在这个城市卖了20万件。也可以参考某个竞争对手,估计自己的市场份额。了解现有市场上的主要竞争对手,寻找与自身企业最接近的竞争对手,以它为标杆,估算第一年的销售量。例如,某公司生产家用净水器,据调查,在本市每年销售3万台,而我们的技术比该公司好、价格略低,因此预估第一年销售2万台。

2. 设施能力预测法

根据创业项目设施的能力，估计企业的能力利用率，从而预测销量。首先，通过前期调查和综合分析，决定本公司初期设施规模；其次，计算设施能力。

举例来说，某公司计划开一个宾馆，床位 150 张，预估前 5 年的利用率分别为 40%、50%、60%、70%、80%，则：

$$第一年销售床位数 = 150 \times 360 \times 40\% = 21\ 600\ （张）$$

如果床位价格为每天 280 元，则第一年销售额为 604.8 万元。

其他几年以此类推。

3. 年度增长比例预测法

第一年销售预测后，按照每一年公司期望能够增长的比例，来预测未来几年公司的销售量，以此整理出分年度的销售预测表（见表 9-1），供后续财务预算使用。

表 9-1 净水器销售预测表

预测项目	年度				
	第 1 年	第 2 年	第 3 年	第 4 年	第 5 年
销售量（台）	20 000	24 000	28 800	34 560	41 472
单价（元/台）	1 250	1 200	1 150	1 100	1 050
销售额（万元）	2 500	2 880	3 312	3 802	4 355

注：销售额数据四舍五入取整。

从表 9-1 中可以看出，单价是逐渐走低的，因为随着效率提升、分摊费用下降、竞争加剧等，市场价格总是持续降低的。

9.1.2 成本测算

创业企业的主要成本项目包括材料成本、人工费用、设备折旧、管理费用、营销费用、财务成本等。销售收入有了，要减去成本才能得到企业的利润，因此，创业企业需要对成本进行测算。

1. 成本测算考虑项

主要的成本项目有很多，需要分别测算：

（1）材料成本：生产产品、提供服务的直接材料成本。材料成本根据销售预测的量、单件材料的成本测算。

（2）人工费用：公司员工的工资，包括管理、技术、营销人员、工人等的全部工资，外加五险一金。

（3）设备折旧：按照企业会计准则折旧。

（4）管理费用：行政管理部门为管理生产经营活动而发生的各种费用，包括职工福利费、办公费、差旅费等。

（5）营销费用：销售推广、促销、售后服务等发生的一切费用。
（6）财务费用：企业为筹集生产经营所需资金而发生的费用。

在对所有的成本项目进行测算后，可以整理出成本测算表，便于后续财务预算（见表 9-2）。

表 9-2 成本测算表　　　　　　　　　　（单位：万元）

成本项目	年度				
	第 1 年	第 2 年	第 3 年	第 4 年	第 5 年
材料成本	1 400	1 680	2 016	2 419.2	2 903.04
人工费用	150	160	180	210	250
设备折旧	20	20	20	20	20
管理费用	50	60	70	80	90
营销费用	100	100	100	100	100
财务费用	50	50	50	50	50
合计	1 770	2 070	2 436	2 879.2	3 413.04

2. 成本测算中可能存在的问题

初创公司在成本测算中常常遗漏一些费用项，需要引起注意：

- 人工费用经常遗漏创业团队成员的工资。
- 五险一金遗漏（养老保险、医疗保险、失业保险、工伤保险和生育保险[⊖]，以及住房公积金）。
- 管理费用无预算。
- 营销费用预留较少。
- 财务融资成本未考虑。

创业实训

1. 参考表 9-1，预测创业项目未来 5 年的销售量、销售额。
2. 参考表 9-2，测算创业项目未来 5 年的主要成本。

9.2　财务预算与投资评估

财务预算是判断创业项目是否获利的方法之一，而投资评估可以帮助创业者判断项目投资的合理性。本节首先介绍财务预算的概念、重要性以及如何进行财务预算，并举例帮助大家理解财务预算的具体方法和步骤；然后引出了投资回收期的概念，举例说明

⊖ 2019 年 3 月，国务院办公厅印发《关于全面推进生育保险和职工医疗保险合并实施的意见》，2019 年底前实现生育保险和职工基本医疗保险合并实施。

如何利用投资回收期来判断项目投资的合理性；最后给出了进行投资评估的其他方法。

9.2.1 财务预算基础知识

1.财务预算的概念

财务预算是集中反映未来一定期间（预算年度）现金收支、经营成果和财务状况的预算，是企业经营预算的重要组成部分。财务预算的内容一般包括"现金预算""预计利润表""预计资金平衡表（预计资产负债表）"。创业项目评估的目的是项目的盈利性，不需要完整的预算，而需要预算企业在未来若干年的经营业绩，即销售收入、成本、税后净收益等构成情况。

2.财务预算的重要性

创业项目是否赚钱，是项目能否成功的关键。财务预算是判断创业项目是否赚钱的方法之一。

在项目创意期，创业者可能聚焦于技术、市场，一旦开始实施，就需要进行财务预算。财务预算对内掌握项目的盈利性，对外的作用是吸引投资人。创业者需要对未来5年或更长时间的财务收益、成本等进行测算，让投资人大概知道投入资金量、投资回收期、投资回报率等指标。

3.财务预算的思路

作为创业者，要了解财务预算的基本思路：

- 根据销售预测，测算未来各年度的收入。
- 根据成本预算，测算未来各年度的成本。
- 计算各年度的资金投入以及固定资产的折旧。
- 根据收入、成本以及折旧计算毛利润。
- 扣除增值税得到税后利润。
- 扣除所得税，得到净利润。

9.2.2 财务预算示例

A公司5年的财务核算结果如表9-3所示。

表9-3 财务核算表　　　　　　　　　（单位：万元）

行	项目	年度				
		第1年	第2年	第3年	第4年	第5年
1	销售收入	2 500	2 880	3 312	3 802	4 355
2	资产投资	1 500	0	300	0	0
3	折旧	300	300	360	360	360

(续)

行	项目	年度				
		第1年	第2年	第3年	第4年	第5年
4	成本	1 770	2 070	2 436	2 879.2	3 413
5	税前利润	430	510	516	562.8	582
6	增值税	55.9	66.3	67.1	73.2	75.7
7	税后利润	374.1	443.7	448.9	489.6	506.3
8	所得税	93.5	110.9	112.2	122.4	126.6
9	净利润	280.6	332.8	336.7	367.2	379.7
10	累计利润	280.6	613.4	950.1	1 317.3	1 697

注：固定资产按5年直线折旧计算；增值税税率13%；所得税税率25%。表中数据为四舍五入的结果。

对该公司财务预算分析如下：

（1）第1行是销售收入的预测，第1年2 500万元，逐渐增加到第5年的4 355万元。

（2）第2行是资产投资，不需要每年都投，比如第1年投1 500万元，第3年投300万元，其他三年没有投资。

（3）第3行是根据资产投资情况进行折旧，折旧通常以会计准则计算，为5年折旧或8年折旧等。

（4）第4行是成本，第1年成本是1 770万元，逐年增加。

（5）第5行是税前利润，税前利润＝销售收入－折旧－成本。

（6）第6行是增值税，第7行是税后利润，第8行是所得税，第9行是净利润。根据我国税法，首先要交纳增值税（一般行业增值税税率为13%，有些行业低一些，甚至不用交增值税），减去增值税得到税后利润，然后交纳所得税（我国各个行业所得税不同，所得税税率最高是25%），减去所得税得到净利润。增值税＝税前利润×增值税税率；税后利润＝税前利润－增值税；所得税＝税后利润×所得税税率；净利润＝税后利润－所得税。

（7）第10行是累计利润，为逐年累计得到的利润。

9.2.3 投资回收期基础知识

创业项目是否适合投资，取决于投资的收益。先了解几个投资相关的概念。

1. 净现值

净现值（NPV）指未来资金（现金）流入（收入）现值与未来资金（现金）流出（支出）现值的差额，就是把未来的钱，按照一定的利率折算成现在的钱。这是项目评估中净现值法的基本指标。

2. 投资回报率

投资回报率（ROI）是指通过投资而应返回的价值（百分比），即企业从一项投资活动中得到的经济回报。将每年的净利润累计，累计利润用于计算投资回报率。

投资回报率 =（年利润或年均利润 / 投资总额）× 100%

3. 投资回收期

投资回收期也称"投资回收年限"，指投资项目投产后获得的收益总额达到该投资项目投入的投资总额所需要的时间（年限）。计算投资回收期要用到净现值。

9.2.4 投资回收期计算示例

假设企业第 1 年、第 3 年分别投入固定资产 1 500 万元、300 万元，第 1 年投入流动资金 2 000 万元，折现率为 6%，即可计算出净利润、净现值、投资回收期三项指标。

从表 9-4 可以看出，净利润是项目每年的收益，折现后得到净现值；净现值累计到第 5 年为 1 503.4 万元，还不到投资（1 500 万元 + 300 万元），因此需要 5 年以上才可以收回固定资产投资。

虽然项目每年都在赚钱，但需要 5 年以上才能收回固定投资，因此该项目并不理想。如果将流动资金的利息计入成本，则投资回收期更长。

表 9-4　投资回报　　　　　　　　　　（单位：万元）

项目	年度				
	第 1 年	第 2 年	第 3 年	第 4 年	第 5 年
资产投资	1 500	0	300	0	0
流动资金	2 000	0	0	0	0
投入合计	3 500	0	300	0	0
净利润	280.6	332.8	336.7	367.2	379.7
净现值（NPV）	280.6	314	299.7	308.3	300.8
累计净现值	280.6	594.6	894.3	1 202.6	1 503.4

前面已经介绍了利用投资回收期来评估项目投资的合理性。财务预算过程中除了投资回收期，还有其他投资评估方法，如静态投资周期、动态投资回收期、差额投资回收期、内含报酬率、投资回报率等。对于其他投资指标，财务中有专门规定，读者可以自己查询相关教材或在网站上搜索相关内容。

思考与练习

1. 如何对创业项目进行财务预算？
2. 财务预算对于创业公司的重要性是什么？
3. 请举例说明如何利用投资回收期进行项目投资评估。
4. 请问有哪些投资评估方法？

创业实训

对你的创业项目进行财务预算,并计算投资回收期。

9.3 融资规划与风险控制

创业项目在不同时期都有筹集资金的需求,融资对创业公司来说非常重要。本节首先介绍融资的概念、类型,分析不同融资方式的利弊;然后针对创业项目,介绍融资的必要性以及融资的时期;最后介绍企业在经营过程中可能存在的风险,并给出应对这些风险的策略。

9.3.1 融资基础知识

1. 融资的概念

融资是指企业运用各种方式向个人、企业、金融机构、金融中介机构等筹集资金的一种业务活动。

融资是企业资金筹集的行为与过程。它采用一定的方式,从一定的渠道向公司的投资人和债权人筹集资金,以保证公司正常生产和经营管理活动的需要。

2. 融资的类型

融资分两大类:债权融资和股权融资。

债权融资又分为借款类、质押类、债券类。借款类包括银行借款、个人借款、小贷公司借款等,还有一度流行的互联网P2P融资平台。质押类包括融资租赁、股权股票质押、供应链融资等。债券类包括短期债券、长期债券,如国债、企业债等。

股权融资,包括股权转让和股权增发。股权转让是一种物权变动行为,股权持有者出让部分股权,获得资金。股权转让后,股东基于股东地位而对公司所发生的权利义务关系全部同时移转于受让人,受让人因此成为公司的股东。股权增发是指上市公司为了再融资而再次发行股票的行为,或非上市公司通过增发股份获得资金的行为。

3. 不同融资方式的利弊

几种融资方式各有利弊。债权融资不占用股份,但到期要还款、支付利息,且有期限限制;股权融资不用还钱,也不支付利息,但需要付出股份,转让一部分表决权,需要分享公司的收益。对方如果股份多,甚至还可以成为控制人。创业项目的融资原则是尽量采用债权融资,少用股权融资,因为股份很珍贵。

9.3.2 创业项目融资

1. 创业项目为什么需要融资

创业项目需要融资的情况有以下几种:

（1）资金不足。多数创业者资金较少甚至白手起家，但创业项目需要大量的资金，所以必须向外募集资金。

（2）规模效应。创业者依靠自己的资金可以开始经营，但是规模较小，达不到规模效应。融资之后，有助于加速研发、快速扩大公司规模。

（3）获取资源。有时创业者本身并不缺资金，需要借助投资人的资源。比如投资人在市场上知名度高、专业性强、管理能力强、有特殊技能、人脉资源和社会资源广泛，这些资源可以使创业项目更容易成功。

（4）分担风险。创业者独资经营风险大，如果进行融资，可以和投资人分担风险。

2. 创业项目融资时期

创业项目需要融资的时期分三种：

（1）创业初期：需要天使投资，比如样品制作出来前后，创业者资金消耗殆尽。此时需要进行小试、中试，融资主要用于研发。这个时期的融资对投资人来说风险很大，但是如果项目成功，回报率很高。

（2）创业中期：需要创业投资，此时项目产品/服务已经比较完善，样板工程已经成功运行，需要批量生产推向市场。融资主要用于建生产线、拓展市场。

（3）创业后期：需要产业投资，此时项目需要资金复制成熟的模式，快速扩大规模，融资主要用于扩大生产能力和开拓市场。

以上三种融资也称 A、B、C 轮融资，如图 9-1 所示。

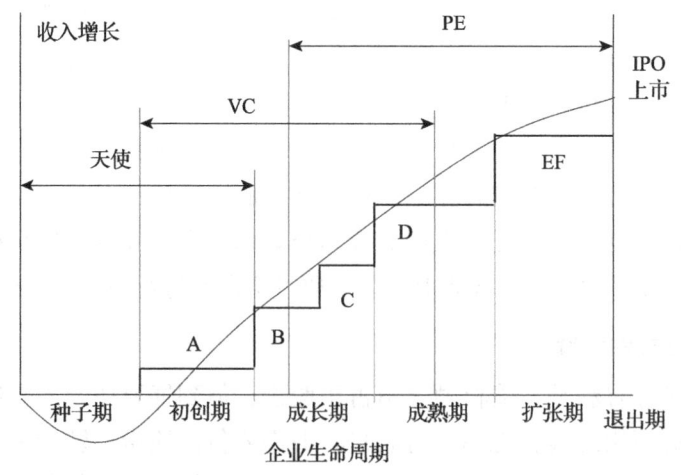

图 9-1 融资的时期和类型

3. 创业项目 ABC 轮融资

（1）A 轮融资（AI，天使投资、种子投资）：创业项目处于初创期，产品处于初步阶段，公司有了初步的商业模式，积累了一些核心用户。投资来源一般是天使投资人、天使投资机构。融资额度一般在 100 万～1 000 万元，公司出让股本的 10%～20%。

（2）B轮融资（VC，风险投资）：产品技术基本成熟，公司已经正常运作一段时间，并拥有完整详细的商业及盈利模式，在行业内拥有一定地位和口碑。B轮融资一般用于扩大推广力度，打造品牌的知名度，扩充团队，提升团队的专业能力。此时公司可能依旧亏损。资金来源一般是专业的风险投资机构。融资额度在1 000万～1亿元，占公司股权的20%～30%。资金来源大多是上一轮的风险投资机构跟投、新的风投机构加入、私募股权投资机构加入。

（3）C轮融资（PE，私募股权投资）：公司商业模式成熟，拥有大量用户，在细分行业内有主导或领导地位，为上市做准备。C轮融资一般来说是上市前的最后一轮融资，其最主要的作用是为了给上市定一个价值。此时公司已经开始盈利，在行业内基本处于前三。C轮融资除了拓展新业务，也有补全商业闭环、写好故事准备上市的意图。资金来源主要是私募股权投资，有些之前的风险投资机构也会选择跟投。融资额度在10亿元以上，公司出让10%～15%股份。一般C轮融资后公司就准备上市了。也有公司选择融D轮，但这种情况不是很多。

4. 如何与投资人打交道

创业项目的融资对象，往往是天使投资人和风险投资机构。天使投资人往往是有一定资金实力的机构或个人，他们对新事物很敏感，愿意支持创业项目。创业初期，可以在朋友圈中适当宣传，吸引天使投资人的关注，获得投资。风险投资机构是专业的投资公司，有些公司遵循"宁可多投、不可错过"的原则，往往很积极。要获得他们的投资，创业者需要准备一份像样的"商业计划书"，展示项目的市场前景、先进技术和良好的商业模式，多与投资人交流，听取他们的意见完善创业计划。当初在电商并不流行的环境下，阿里巴巴获得软银投资，凭的是创业团队对于公司前景的美好描述和澎湃激情。

此外，通过众筹融资也是很好的融资方式。如果商业计划书基本完成了，就可以对外发布众筹方案，设定融资金额。如果项目好，就会有很多投资人加入。

9.3.3 企业经营风险

1. 企业面临的经营风险

企业经营风险，是指在企业经营中企业面临的内部和外部不确定性。创业公司风险主要有以下七项。

（1）政策风险：国家政策变化对行业、产品、市场造成影响。

（2）法律风险：签订的合同违反法律规定，给企业造成严重的损失；经营过程中违反法律、法规等。

（3）市场风险：产品在市场上遇到困难，影响销路和市场竞争力。

（4）技术风险：技术开发、保护、使用、取得和转让过程中的风险，包括开发失败、泄密、采用落后的技术等。

（5）财务风险：因经营管理不善，造成资金周转困难，或资金损失，甚至破产、倒闭。

（6）团队风险：核心成员或员工出现问题，造成团队分裂以及员工冲突、流失等。

（7）管理风险：管理不善给企业造成损失。

2. 企业应对风险的策略

要做好风险管理工作，企业需要学会识别风险、评估风险、应对风险。首先，要意识到风险随时存在，时刻具备风险意识；其次，建立风险识别、风险评估、风险应对方案；再次，消除风险、转移风险（如购买保险）；最后，化解风险。

通常应对风险有以下几种策略：

（1）规避风险。避免未来可能发生事件的影响，消除风险。例如，通过公司的政策和标准，阻止高风险的经营活动、交易行为，尽量避免财务损失和资产风险的发生。

（2）降低风险。利用政策或措施将风险降低到可接受的水平。例如，将资产分散放置在不同地方，以降低遭受灾难性损失的风险。借助内部流程或行动，将不良事件发生的可能性降低到可接受的程度。

（3）分担风险。例如，通过购买保险将风险转移给资金雄厚的独立机构。

企业的风险识别、评估和应对，可以采用表9-5的形式展示出来。

表9-5　企业风险识别与评估表

类　别	风险分类	潜在损害描述	发生概率	严重性	应对措施
外部风险	自然灾害	地震、洪水、病毒、火灾、雷击	小	严重	购买火灾、地震保险
	政策	政策变化导致产品不能销售	中	很严重	多类型的产品开发
	法律	发生经济纠纷、违反环保法等可能造成损失	中	中等	聘请法律顾问
	市场				
	……				
内部风险	技术				
	管理				
	资金				
	……				

思考与练习

1. 什么是融资？
2. 融资有哪些类型？
3. 不同的融资方式分别有哪些利弊？

4. 创业项目融资分为哪几个时期？每个时期分别有什么特点？
5. 企业如何应对风险？

◆ 创业实训

1. 分析项目资金需求，设计融资规划。
2. 参考表9-5，分析项目风险，制定应对措施。

第 10 章
CHAPTER 10

创业项目实施

创业者在拥有创业的想法，经过调查、进行谋划之后，需要对创业项目的细节做出一份计划安排，便于清晰了解创业目标和发展思路，这就是商业计划书。商业计划书是寻找投资人获得资金支持、寻求合作伙伴的重要依据。近年来，各种创业大赛很多。创业项目参加大赛，可以提高知名度、得到专家的指点，甚至能得到投资人的青睐，因此如有机会，一定要参加创业大赛。这些工作做得差不多了，就可以建立公司，开始商业运营了。

10.1 商业计划书概述

10.1.1 商业计划书基础知识

1. 商业计划书的基本概念

商业计划书（business plan，BP），也称商业策划书，是公司、企业或项目单位为了达到招商融资和其他发展目标，根据一定的格式和内容要求而编辑整理的一个向受众全面展示公司和项目目前状况、未来发展潜力的书面材料。

商业计划书是企业筹资、融资、企业战略规划与执行等一切经营活动的蓝图与指南，也是企业的行动纲领和执行方案。其目的在于为投资人提供一份创业项目的介绍，向他们展现创业项目的潜力和价值，并说服他们对项目进行投资。商业计划书同时具有内部作用和外部作用。可以说计划书是创业者手中的一张名片，这张名片是特别提供给投资人和其他潜在合作伙伴的。

2. 商业计划书的要素

编写商业计划书的目的，就是融资和达到其他发展目标，通过计划书吸引投资人和合伙人，并帮助团队厘清发展的方向。

商业计划书的读者对象除了投资人，还有政府官员、专家学者等。投资人包括投资公司等机构投资者和个人投资者。

商业计划书的内容是反映投资人所有感兴趣的内容，从企业成长经历、产品/服务、研发制造、市场营销、管理团队、股权结构、人事、财务、运营到融资方案。

商业计划书的格式是相对固定的，包括公司情况、发展机会，必要时通过附件补充说明，要求内容翔实、数据丰富、体系完善、装订精致。

与商业计划书类似的，还有招股说明书和创业计划等。招股说明书是股份有限公司发行股票时，就发行中的有关事项向公众做出披露，并向非特定投资人提出购买或销售其股票的要约邀请性文件。创业计划是一份全方位的商业计划，其主要用途是递交给投资人，以便他们对企业或项目做出评判，从而使企业获得投资。

10.1.2 商业计划书的框架

1. 商业计划书的逻辑

商业计划书的内容是有很强的逻辑性的，如图 10-1 所示。它首先描绘项目具有广阔或准确定位的市场、公认的痛点或问题；然后采用先进的技术方案、有效的运作系统（产、销系统），通过创新的商业模式，解决公认的痛点或难点；接着证明项目有良好的规模与效益预期；最后得到项目非常可行的结论。

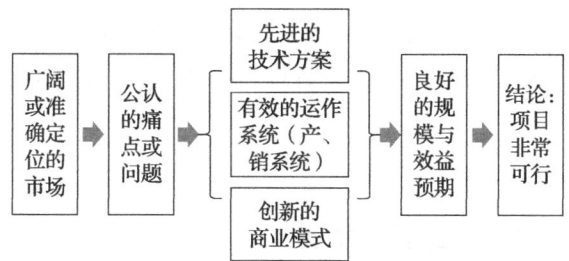

图 10-1 商业计划书的论证逻辑

2. 商业计划书要传递的信息

一份商业计划书需要以简洁的语言引起投资人的注意，通过阐述商业机会、公司情况，以及所需要的资源等，可以使得投资人在见面洽谈前就获得很多有价值的信息，产生对创业方案的兴趣。如果商业计划书中解释得不够清晰，可能会使投资人丧失沟通的兴趣。此外，商业计划书还可以用于公司的经营指导。

3. 判断商业计划书优劣的标准

判断一份商业计划书优劣的标准有三条：

- 市场广阔或细分市场定位准确。经过调查分析，用数据证明本产品市场广阔、细分市场定位很准。

- 企业发展思路清晰，产品设计、研发计划、营销计划、生产计划等都很清晰。
- 产品或服务采用的技术先进，商业模式和运营计划可行。

10.1.3 商业计划书的编写原则与方式

1. 商业计划书的编写原则

编写商业计划书有以下原则。一是先进性，技术先进、管理先进、商业模式先进，至少有一个方面先进。二是创新性，针对创业项目面临的技术问题、管理问题与市场问题等，有创新的解决方案，比如营销创新、运营管理创新。三是可行性，计划书所列方案在现实中是可以执行的，能达到计划书所描述的效果。四是简洁性，简单明了，投资人容易看懂。有些材料可以放在附件里。

2. 商业计划书的编写方式

商业计划书的编写方式主要有两种：创业者自己写、聘请管理咨询公司编写。

如果创业者本人对于创业过程以及商业计划书的主要内容比较熟悉，则可以考虑自己编写。创业者自己制定的商业计划书，能更准确地表达出企业的商业思路、盈利模式、产品与服务的创新性等，但是这对创业者的商业思维与管理知识提出了一定的挑战。

管理咨询公司拥有经验丰富的专业人员，可以很好地编写商业计划书，弥补技术性创业者在管理知识方面的不足，使得商业计划书信息更加全面、更具有专业性。在这一过程中，需要管理咨询公司的专家与创业者进行深度交流，将创业者心中的创意在书面上较好地表达出来。

10.2 商业计划书结构及内容筹划

编写商业计划书之前，需要对结构和内容进行筹划。

10.2.1 商业计划书的摘要与结构

1. 项目摘要

摘要是商业计划书的第一部分，位于正文之前，一般1~2页。简短的摘要，应尽可能展现创业项目中与众不同的闪光点。摘要的一个重要目的就是吸引感兴趣的投资人与相关人员，使其对于计划书的其他部分产生阅读的兴趣。因此在摘要部分需要充分展现项目的创立背景、核心思路和团队的优势，解释创业项目为什么会成功，通过什么方式获得成功，有哪些独特的核心竞争力，需要对项目的经济需求、风险与经济回报等要点进行说明。

在摘要的书写过程中，应尽量使用具有说服力的语言、数据等，例如市场规模分析、项目分析等，将关键信息传递给读者。应采用客观、真实、专业的语言，避免为了强化说服力而使用夸张的渲染性文学语句。

2. 计划书的结构

在进行正文的书写前，应对计划书的结构进行预先的计划，提前确定各章节的标题，便于控制各部分的内容，增强条理性。将思路进行梳理，记录下来，形成最初的总体框架。计划书的结构与创业者要传递的信息是紧密相连的，是创业者对于项目的总体认知。创业者需要根据自身情况确定计划书的叙述方式、文章重点等。

创业企业由于所处行业不同，开展的业务不同，计划书中的具体项目可能大相径庭。大部分计划书都包含行业背景、公司情况、产品信息、产品获利手段、企业管理、财务分析等几大组成部分，这些部分也是一份商业计划书在书写时应围绕的中心。在确定了文章的中心观点后，则其他文字、数据、相关材料需要围绕观点提供支撑。可以通过一两句话对文章内容进行精确的概括，围绕观点去组织素材，防止论述过程中跑偏。

10.2.2 商业计划书的主要内容

商业计划书的内容建议包括十项。这些内容，前面的章节中都有详细的介绍，可以从前面的内容中整理、提炼。下面分别介绍这十项内容。

1. 公司简介

全面地介绍公司的情况，包括公司创立的由来、主要产品/服务、注册情况、股份构成、经营业绩、未来愿景等。对投资人来说，已经开办的公司比未开办的公司更有成功的可能性，因此更容易获得投资。

2. 产品/服务

描述产品/服务，以及目标客户。首先要介绍产品的基本特性，是固态或液态，产品功能、应用场所、使用对象等。如果是服务，对服务对象、服务过程要进行简单的介绍，要体现创新性与独特性。

其次要与市场上的类似产品/服务对比，找出优点与不足。对投资人来说，你的产品/服务能为客户解决什么问题，以及这些问题的紧迫性、重要性（痛点），才是判断这个产品/服务是不是有价值的重要因素。如果产品/服务能解决客户的痛点，对投资人吸引力就会更大一些。

在描述产品/服务时，还要介绍这个产品或服务处于生命周期的什么阶段（见图10-2）。通常导入期的需求量比较小、利润比较少，顾客接受度不高，不确定因素较多；到了成长期时，市场需求快速增长，公司开始盈利，对投资人更有吸引力；进入成熟期，市场逐渐趋于稳定，竞争激烈，只有规模较大、成本低、推广能力强的企业才能赚钱；进入衰退期，需求萎缩，也有可能被其他新产品替代，这时候利润就会减少，甚至亏损。因此，投资人更青睐处于成长期的项目。

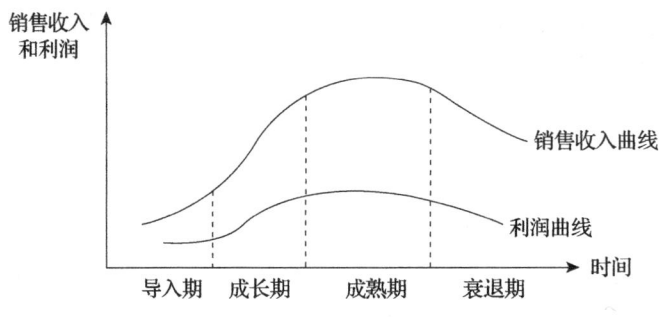

图 10-2　产品生命周期曲线

服务是生产者通过由人力、物力和环境组成的系统来销售、生产及交付的，能被消费者购买、接受以及消费的一个功能和作用。对服务产品来说，需要介绍服务交付系统：

- 提供什么样的服务。
- 为谁提供服务。
- 在何处提供服务。
- 如何提供服务。
- 通过什么（设备、系统）提供服务。

3. 市场营销

营销就是如何把产品/服务卖给客户。需要分析客户的需求，介绍销售策略，展现营销的创新性。因此，需要根据特定的产品/服务，针对特定的客户，设计有针对性的营销方案。方案的创新性越好，对投资人的吸引力越大。通常，市场营销方案包括下列内容：

- 市场分析：市场规模、分布。
- 行业分析：同行有哪些、主要竞争对手的做法。
- 客户需求分析：客户组成、需求特征、消费者行为。
- 营销策略：针对产品的 4P（产品、价格、渠道、促销）或针对服务的 4C（顾客、成本、便利性、沟通）。
- 营销组织和人员。
- 营销的创新性。

4. 运营管理

运营管理就是如何把产品生产出来，包括采购、生产、外包、物流等过程的管理。要决定哪些东西是自制的，哪些东西是外包的；生产方式是按订单生产还是按库存生产；采用大批量流水方式还是成批生产方式、单件小批量生产方式；此外还需要考虑生产的产品是否符合环保等要求。

对于服务产品，要介绍服务运营的内容、策略，包括服务设施建设、人员安排、质量控制等。海底捞的让顾客满意、使员工有动力、采用自动化设备、采用信息系统等服务运营策略，值得借鉴。

5. 商业模式

向投资人说明公司是怎么赚钱的。常用的模式有产销模式、租赁模式、平台模式、网模式、资源衍生模式、金字塔模式等。这些模式中哪一种适合创业公司的产品或服务，要体现出商业模式的创新。商业模式创新往往是投资人非常看重的一项内容，重视程度甚至超过产品本身，因为好的商业模式更具有竞争力。

6. 发展规划

介绍公司未来3～5年的发展路径。例如，图10-3是一个公司未来四个阶段的发展路径。

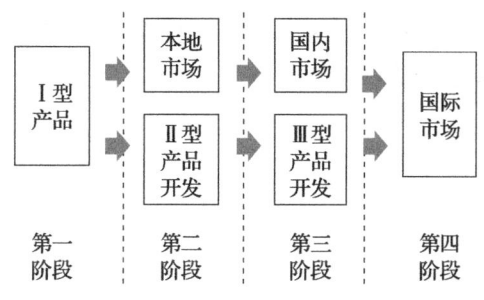

图 10-3　公司未来发展路径

7. 财务分析

财务分析就是分析创业项目能否赚钱。通过销售预测、收支汇总表、投资回收期计算等，反映项目未来的收益状况。计算投资回报率、投资回收期等指标，让投资人看到公司的盈利前景。

在财务分析中，经常会出现如下一些问题：

- 销售预测不能令人信服：应建立在调查的基础上。
- 销售定价不合理：出厂价、批发价、零售价差额太小。
- 投资额太小：自己可以募集，不需要对外融资。
- 成本项目考虑不周：漏项，尤其是高管工资往往忽略。
- 税后利润：应全面考虑增值税、所得税等。

8. 风险分析

外部风险有政策风险、市场风险、法律风险、资金风险、被模仿的风险等；内部风险有技术风险、管理风险、财务风险、人才风险等。因此创业者要预知可能的风险，识别风险，提出应对方案。

9. 融资需求

主要介绍本项目希望融资多少、融资的用途、拟提供给投资人的股份比例。这是商业计划书最终想达到的目的，是对投资人的要约和承诺，因此应合理分析、描述清晰。

10. 团队

主要介绍团队成员，包括创业带头人、合伙人、主要管理人员，体现创业团队知识能力组合、相关行业工作经验等，让投资人对团队充满信心。

除了上述十项之外，还可以提供若干附件。附件有助于展示项目特色和进展，为计划书中的内容提供佐证，也是很重要的。在提供的附件中，有四个方面需要关注：

- 市场方面：调查问卷和分析、行业资料和市场资料、有分量的合同。
- 技术方面：专利证书、软件著作权等。
- 管理方面：资质证书、认证（如 ISO9000、UL 认证等）证书等。
- 前期成果：获奖证书、合作协议等。

思考与练习

1. 商业计划书的作用是什么？
2. 商业计划书应该遵循什么逻辑？

创业实训

针对创业项目的产品或服务，编写你的创业项目的商业计划书，内容参见实训模板 10-1。

实训模板 10-1 商业计划书模板

××项目商业计划书

目录

项目概要：或称为执行摘要，在商业计划书的最前面

1. 公司简介：公司的注册情况、历史情况、启动计划
2. 产品服务：描述产品或服务的特殊性及目标客户
3. 市场营销：客户的需求、营销渠道等
4. 运营管理：产品的采购、生产、外包、物流计划；服务运营系统
5. 商业模式：如何赚钱
6. 发展规划：未来 3~5 年的发展规划和路径
7. 财务分析：未来 3~5 年的总体收支计划与盈利预测；投资回收期
8. 风险分析：如何应对内外部风险
9. 融资需求：需要募集的资金额、用途，出让股权比例

10. 管理团队：主要团队成员介绍

说明：商业计划书的内容，来源于前面相关章节的练习题、创业实训，整理汇总成文。

10.3 创业大赛

创业大赛是展现项目进展、接受专家点评、拓展市场、吸引投资人注意、获得投资的好机会。本节介绍创业大赛、参赛流程及作用，并着重介绍如何赢得比赛。

10.3.1 创业大赛介绍

1. 创业大赛简介

创业大赛，有的叫创新创业大赛、商业计划大赛等。目前我国每年有几千场创业大赛，分为国家级大赛（例如教育部等八部委举办的"挑战杯"创新创业大赛、科技部创新创业大赛）；省市级大赛（如安徽省三创大赛）；高校创业大赛（如清华校友创业大赛）；开发区、园区、孵化器组织的创业大赛（如启迪创业大赛）等。

2. 为什么要参加创业大赛

创业项目参加创业大赛的好处很多。对创业者来说，参加创业大赛，可以不断凝练创业方案、扩大社会影响、获得奖金或无偿资助、获得投资人认可与投资等。在参加比赛过程中，很多专家学者提出的意见有利于创业者改进创业方案。对投资人来说，从创业大赛中可以发现好的创业项目与人才，参与投资获取高额的回报。对政府或园区来说，创业大赛可以促进本地区的创新创业活动，搞活经济。对专家学者来说，可以通过创业大赛了解市场的热点趋势，掌握经济发展的动态。

3. 参赛过程

创业大赛的一般有四个过程：报名并提交商业计划书、初赛、复赛和决赛。主办者对报名一般有一定导向，有行业导向的创业大赛，有企业导向的创业大赛，或者创新人才导向的大赛。参赛者需要提交商业计划书，然后经过初赛、复赛、决赛。一般来说，演讲（也称路演）是必需的环节，可能还有实物展示、现场考察等。好的实物展示，是比赛的加分项。

4. 大赛评委

评委是创业大赛中很重要的角色。通常有三种评委：一是专家教授，包括技术类专家和管理类专家，这类专家理论知识比较丰富，实际经验可能不太足。二是行业专家，比如企业高管、行业协会领导等，他们对市场和技术非常了解。三是投资人，包括天使投资人，创投、产投的投资人等。投资人见多识广，主要关注项目商业逻辑及能否赚钱。参加创业大赛需要注意三种评委的不同要求，在商业计划书和路演中，要兼顾不同评委的关注点。

10.3.2 项目路演要点

创业大赛最后阶段需要演讲（路演）。其中演讲 PPT 是演讲过程的重要组成部分。PPT 页数建议为 10 页左右，演讲时间一般控制在 8～10 分钟。需要介绍项目背景、市场需求行业现状、面临的问题和痛点、解决方案、营销与商业模式、项目运营、项目未来规划、资金募集诉求、创业团队、附件等。

1. 项目背景

项目背景可以从两个方面介绍。第一，所采用的关键技术发展趋势。服务项目和产品项目都有自己的关键技术。第二，创业团队为什么要选择这个项目。需要提及前期的积累，展示出自己的实力。

2. 市场需求与行业现状

介绍市场调查和需求预测，描述市场持续增长的趋势；介绍行业发展历史及发展趋势、行业内主要公司是如何经营的、行业面临的问题或痛点、目前的解决方案。

3. 面临的问题和痛点

通过调查，发现用户在使用现有产品过程中有哪些问题需要解决。其中用户感觉特别不好的问题，就是用户痛点。

4. 解决方案

描述你如何针对用户痛点设计解决方案。这个方案，既包含技术方案，又包含市场、运营方案，让人感觉采用你的方案，确实能解决用户痛点。方案的技术、商业模式、营销等创新性尤为重要。最重要的是证明这个项目抓住了行业痛点。

5. 营销与商业模式

营销方案就是你如何进行市场细分、目标市场选择和产品定位，采取哪些营销策略（如渠道、促销等）。商业模式就是你设计的与客户、供应商等利益相关者的交易结构，展示项目是如何赚钱的。要用商业模式的语言，如客户价值主张、目标客户、营销渠道、关键资源、关键流程、盈利模式等。注意区分商业模式与营销模式、生产模式的异同，避免概念错误。

6. 项目运营

用一张图展示如何实现该项目，包括研发方式、生产方式、采购与外包等。对于服务项目，要描述服务交付系统。

7. 项目未来规划

用文字和图形描述项目未来 3～5 年的规划，证明项目未来发展思路清晰、切实可行。

8. 融资需求

根据项目未来规划，预计需要募集多少资金。应说明资金的用途是研发、市场开拓、生产设施或其他投资，计划募资多少资金。同时说明你愿意提供多少股份，这其中涉及你对公司的估值。比如你希望募集500万元，愿意出让10%的股份，则意味着你对公司估值5 000万元。一般情况下，创业阶段单次出让股份的比例不超过20%。

9. 创业团队

介绍你的创业团队，突出宣传带头人、团队成员的完整性和能力互补性。

10. 附件：证明材料

用专利证书、检测报告、用户报告、合同、合作协议等，说明你的项目获得了权威机构认可、专家认可、客户认可、合作伙伴认可、投资人认可，证明所说的真实性。

路演PPT建议10页左右，不要太多；尽量用关键词、图、表；不要用大段文字；字号要大一点，方便年长的评委观看；尽量不要用动画，防止播放时出现卡壳现象。

此外，现场演讲也很重要。精彩的演讲，能得到评委的肯定，为项目加分。演讲者首先要注意仪表，能着正装最好，如果不能穿正装，至少要干净、整洁；演讲过程中随时注意礼仪；演讲时，眼睛要看着评委，尽量不要回头看PPT而背对评委；发音要清晰、语速不要太快；控制好时间，不要超时；注意聆听评委的问题并简要回答。

◆ 创业实训

制作创业大赛PPT，并尝试路演。参见实训模板10-2。

实训模板10-2　项目路演PPT提纲

1. 项目背景
2. 市场需求与行业现状
3. 面临的问题与痛点
4. 解决方案
5. 营销与商业模式
6. 项目运营
7. 项目未来规划
8. 融资需求
9. 创业团队
10. 附件：证明材料

10.4　创业公司建立

万事俱备，只欠东风！公司成立是创业项目付诸实施的标志性事件。本节介绍公司创立的流程，以及如何建立基本的管理制度。

10.4.1 公司创立流程

创办公司首先需要注册。第一，要学习《中华人民共和国公司法》及其他法律文件，因为公司是正规的经济实体，既有权利，也有责任，依法经营是创办公司的第一要求。第二，起草章程。公司章程是公司的根本大法，包括公司股东之间的关系、经营事项的决策程序、管理的范围授权等。第三，要确定法定代表人。通常情况下创业带头人是法定代表人，明确法定代表人的权利和责任。第四，选择公司的注册地址，需要房产证明或租房合同。第五，去市场监督管理局（以前是工商行政管理局）或行政服务中心，一站式办理登记注册手续。现在政府效率很高，几天就可以办好。如果注册的是个体工商户，当时就可以拿到营业执照。

建议初期在孵化器、创业中心注册，因为这些地方提供的办公条件较好，房租便宜甚至免费。生产型企业需要有生产场地，应考虑到环保问题。如果企业有固体、液体、气体排放，需要到化工园等类似的地方注册。如果是服务场所型，要考虑到服务对象和员工的生活方便。注册之后，需要布置办公环境，购买一些必备的办公设备。

公司开始只有创业带头人或少数合伙人参与，然后逐渐有研发、市场、管理人员加入，工人、服务人员陆续到岗。在创业阶段需要节省资金，不必急着扩大规模。随着业务逐步开展，公司研发进度加快，开始在市场上寻找试点用户和典型案例，得到用户的反馈，不断改进。如果是生产型项目，还需要筹备生产设施，购买设备、材料、工具、模具。

开业典礼是一种很好的营销方式。举办开业典礼，可以把用户单位、行业专家、政府领导、合作伙伴甚至朋友们召集在一起，推广自己的产品/服务，有助于接下来的销售。

10.4.2 创业公司需要建立的制度

一个公司的运行，需要流程、制度和标准。比如考勤，要求每天上班、下班打卡，这就是流程；部门经理以下人员需要打卡，这就是制度；参加考勤的人员每月允许迟到3次、无理由缺勤一天，这就是标准，超过标准了就要奖惩。可以把流程、制度和标准笼统称为制度。

创业公司可以先制定最重要、能直接落地的制度。

1. 建立基本的管理制度

创业公司应首先规定迟到早退的时间、请假标准、工资标准、加班规定、差旅规定、奖惩规定等，再逐渐增加人事制度、行政管理制度、营销管理制度、生产管理制度、采购管理制度等。

2. 明确业务流程和岗位职责

形成部门之间、员工之间处理事务的流程，明确各部门、各岗位的具体工作职责。

初创公司的特点就是人手永远不够，任务永远做不完。所以，即使员工真的像打了鸡血一样干劲十足，也不能完全靠他们的自驱力，否则很容易出现大面积的倦怠和混乱，影响公司的正常运营。明确流程与分工是所有规章制度的重中之重。具体可以按以下几点开展工作：

（1）梳理公司的业务流程。看看公司目前的主营业务主要包括哪些，具体的业务内容都是什么，这也是建立组织架构的基础。有了流程，初创公司的人力资源规划基本就确定了。

（2）确定岗位职责。根据公司的具体业务、当前任务、所处阶段等确定需要什么工作岗位，明确每个岗位的具体职责、任务量、评判指标等。

3. 财务制度

对于很多创业公司，现金流就是命脉。所以，财务制度是一点都不能马虎的。企业财务制度一般应当包括资金管理制度、费用报销制度、付款审批制度、应收应付制度、合同管理制度等。一般来说，初创公司应该着重于资金管理制度和费用报销制度，做到每一分钱都精打细算，可监控。

4. 薪酬制度

不少创业公司的老板喜欢给员工"画大饼"，希望用前景留下优秀的员工，毕竟创业公司最缺的就是人才，但是受资金实力所限，真的开不出太高的工资。工资不够鼓励来凑，良好的薪酬制度就成了吸引优秀人才的法宝。对于刚起步的初创公司，在建立薪酬体系时应注意以下几点：

（1）小公司人少活儿多，为了让核心员工稳定下来，应该尽量让员工的薪资等于甚至稍高于行业平均水平，并且专门设立季度或年终奖金。在薪资结构上，可以实行基本工资＋绩效的宽带薪酬办法，激发员工的斗志。

（2）最好在试用期不打折，大多数初创公司在薪酬福利上本来就没有优势，如果试用期还打折扣，更不容易招到有相关工作经验、无须公司特地培养的员工，而初创公司往往还急需人手。所以，给100%的试用期工资，最后赚到的一定是公司。

（3）初创公司加班是常态，那么在福利上应该做到以人为本。例如报销下班打车费、晚饭外卖费、重点项目完成了组织大家团建，让员工感受到并肩作战的激情。

10.4.3 如何制定公司制度

初创期的小公司，犹如刚刚诞生的婴儿，具有自身独特的生命特征。了解了这些特征，才可以制定合适的公司制度。

首先，创业者要明确生存第一的观念。对初创期的小公司来说，管理的首要目标是确保公司得以生存，管理的主要任务是把握各种可能的发展机遇，规避可能对公司造成致命打击的威胁，推动公司顺利渡过难关。为此，主导公司的是信念管理、激情管理和机遇管理。

其次，创业者必须树立坚定的成功信念，并把这种信念扩散至整个公司。休利特和帕卡德在1937年8月创办惠普后的第一年里，甚至为如何及时支付电费而发愁。正是坚强的信念，支撑着他们最终拿到了第一笔大订单——向迪士尼公司卖出八部声音示波器，从而摆脱了困境。公司的制度要促使每个员工都能以忘我的精神投入到为公司生存而努力的行动中。要达到这一境界，需要创业者自己满怀激情，并为员工描绘出美好的前景，提供宽松的事业发展环境。

最后，所有制度必须符合公司发展的实际，不能拔高，拒绝空洞。任何公司由小做到大，都会经历一个由"人治"向"法治"转变的阵痛过程。这个过程如何实现？大多数创业公司都是拿到一笔投资后就招兵买马，同时匆匆忙忙地建立起一套制度和流程，这就难免出现水土不服。其实，完全有更合理的方式和方法。比如在创业初期的打拼中，创业团队成员之间已经摸索出了一套可行且有效的协作方法，只不过没有把它变成白纸黑字写下来。这一套行之有效的协作方法其实就是公司管理制度和流程的雏形。制度是人定的，只要适合公司发展，对公司和员工都有利，大多数员工都能认同，那就可以。

简单来说，创业公司的制度和流程完全可以想到一条，写一条；这些制度和流程需要时间的验证，可行就留下，有问题就修改、完善或废除；进一步的制度，日后再慢慢补充。1984年张瑞敏刚担任电冰箱厂长的时候，制定了13条劳动纪律。第一条"不准在车间随地大小便"虽然有点不雅，但切合当时实际，是非常必要的。

公司不要急于让这些制度和流程一步到位。创业者所要做的是让制度和流程随着公司的壮大自行发展和健全，只要不让它们拖了公司的后腿就行。在"约定俗成"的同时，管理团队还要逐步理顺公司的做人做事原则、底线和价值观，或制定"基本法"，这些写下来，也是公司的制度。当公司有朝一日需要一个成型的规章制度时，之前草拟的"约定俗成"条款和"基本法"就是最好的制度雏形。

到这里，本书的内容就结束了。通过创业相关的系列知识学习、实训，相信同学们都有一定的收获。期待着大家在未来的创业中，大胆开拓创新，不断完善、充实自己，在为社会、为企业、为自己创造价值的同时，实现人生的梦想！

推荐阅读

推荐图书

[1] 张玉利,薛红志,陈寒松,等.创业管理[M].5版.北京:机械工业出版社,2020.
[2] 丁栋虹.创业管理[M].北京:清华大学出版社,2011.
[3] 陈荣秋,马士华.生产运作管理[M].5版.北京:机械工业出版社,2017.
[4] 科特勒.营销管理(原书第14版·全球版)[M].北京:中国人民大学出版社,2015.
[5] 王永贵.服务营销与管理[M].天津:南开大学出版社,2009.
[6] 所罗门.消费者行为学[M].北京:中国人民大学出版社,2018.
[7] 陈方若,等.新冠肺炎疫情的行业影响及对策分析[M].上海:上海交通大学出版社,2020.
[8] 奥斯特瓦德,皮尼厄.商业模式新生代[M].黄涛,郁靖,译.北京:机械工业出版社,2016.
[9] 乔为国.商业模式创新[M].上海:上海远东出版社,2009.
[10] 李丽凤.产品创意设计[M].西安:西安电子科技大学出版社,2019.
[11] 周静.市场调查与预测[M].北京:科学出版社,2018.
[12] 程运木.会计核算实务[M].杭州:浙江大学出版社,2013.
[13] 荆新,王化成,刘俊彦.财务管理学[M].8版.北京:中国人民大学出版社,2018.
[14] 拉姆拜.投资评估基础[M].北京:北京大学出版社,2014.
[15] 吴道富.企业融资整体解决方案[M].北京:中国经济出版社,2018.
[16] 方红星.企业风险管理[M].大连:东北财经大学出版社,2017.

推荐文章

[17] 方世建,秦玲玲.创业直觉研究的演进和主要内容述评[J].外国经济与管理,2017,39(07):33-50.
[18] 易博成,王玲.探究科技与文化融合推动产品创意创新设计[J].山东工业技术,2019(15):216.
[19] 侯婷婷.A.O.史密斯:掌握消费新风向,真正解决用户痛点[J].家用电器,2019(04):37.
[20] 赵飞龙.好设计是在合适的场景解决用户的关键痛点[J].设计,2019,32(06):75-76.
[21] 陈进强.爆品营销的"痛点法则"[J].经理人,2018(11):72-75.
[22] 雷玄.售后服务是消费痛点:中国质量万里行2018年度消费者诉求白皮书[J].中国质量万里行,

2019（03）：12-17.

[23] 王敏，刘小路.面向智能制造的"互联网＋设计"创意服务平台构建研究 [J].创意与设计，2018（06）：18-22.

[24] 杨智，李小阳.我国数控机床市场调查与分析 [J].南方农机，2019，50（10）：62-64.

[25] 熊智，吴庭金.湘西旅游工艺品市场调查报告 [J].教育现代化，2019，6（28）：31-32，39.

[26] 陈会.基于波特五力模型的小米公司竞争战略研究 [J].市场周刊，2019（06）：23-24.

[27] 贺亚琼.摩拜单车的波特五力竞争策略分析 [J].中国商论，2019（09）：3-4.

[28] 简玉坤，聂梦霞.共享单车行业市场运营状况调查 [J].合作经济与科技，2019（17）：104-107.

[29] 董家田，等.大都市城镇居民对地产蔬菜的支付意愿研究：基于上海市532份消费者问卷调查数据的实证分析 [J].中国农学通报，2019，35（19）：157-164.

[30] 刘娅，等.消费者对饮酒的态度及其影响因素调查研究 [J].微量元素与健康研究 2019（09）：1-5.

[31] 甄俊杰.消费者对网络订餐的食品安全满意度调查分析 [J].食品安全导刊，2019（12）：25.

[32] 陆杰涛.消费者对农贸市场的食品安全满意度调查分析 [J].食品安全导刊，2019（12）：26.

[33] 刘进平，张燚.中国人国货意识形成的心理加工过程模型及影响机制：基于高国货意识消费者深度访谈的探索性研究 [J].兰州学刊，2018（04）：100-120.

[34] 杨林.基于产品整体概念的Y公司产品优化策略研究 [D].南京师范大学，2016.

[35] 曹曦.关于中小微企业借助营销信息系统塑造整体产品概念的思考 [J].财经界（学术版），2016（06）：154-155.

[36] 祝士平，孙世民，韩丽敏.肉羊产业链建设与管理的战略性思考：产品整体概念的视角 [J].新疆农垦经济，2014（10）：34-38.

[37] 俎文红.基于产品整体概念视角下物流企业业务创新 [J].物流技术，2014，33（15）：25-27.

[38] 秦建军.电动汽车整车技术方案的设计 [J].汽车工程师，2019（06）：29-32.

[39] 李友宏.面向炼化企业的服务器虚拟化技术方案设计 [J].中国管理信息化，2019，22（05）：164-167.

[40] 周世平，等.基于模糊聚类分析理论的旅游服务供应链服务包设计 [J].系统工程，2013，31（06）：95-99.

[41] 王宪祥，等.基本医疗卫生服务包的设计研究 [J].中国卫生经济.2010，29（10）：24-25.

[42] 胡小娟.铁路客运站服务蓝图设计与应用研究 [J].铁道运输与经济，2019，41（06）：48-52.

[43] 曾丹.服务蓝图法在儿童智能拍照产品设计中的应用 [D].燕山大学，2018.

[44] 黎金凤.服务蓝图视角下的高校图书馆流通服务设计分析 [J].图书情报导刊，2016，1（10）：78-80，108.

[45] 刘雨桐.我国民营银行市场定位研究 [J].纳税，2019，13（17）：226.

[46] 赵雅文.手机品牌差异度调查下市场细分策略研究 [J].中国市场，2019（16）：127-129.

[47] 杨嘉宁.基于定位理论的今日头条整合营销传播研究 [J].中国商论，2019（12）：80-81，132.

[48] 张国建，池华.工作分解结构（WBS）在汽车零部件研发管理中的应用研究 [J].内燃机与配件，2018（20）：199-202.

[49] 彭作霖.百伦鞋业公司产品研发管理优化研究 [D].西北大学，2018.

[50] 杨阳. 基于我国新时期发展的视角谈投资项目的评估与决策 [J]. 经济师, 2019（10）: 45-46.

[51] 陆燕. 投资价值评估之注意事项 [J]. 财经界（学术版）, 2019（17）: 41-42.

[52] 苗丹丹. 企业经营风险和财务风险的控制措施探析 [J]. 纳税, 2019, 13（30）: 48-50.

[53] 任军. 中小信息技术企业融资策略研究 [D]. 云南财经大学, 2018.

[54] 李坚. 企业经营过程中的税务风险管理 [J]. 纳税, 2019, 13（31）: 41.

推荐阅读

中文书名	作者	书号	定价
公司理财（原书第11版）	斯蒂芬·A. 罗斯（Stephen A. Ross）等	978-7-111-57415-6	119.00
财务管理（原书第14版）	尤金·F. 布里格姆（Eugene F. Brigham）等	978-7-111-58891-7	139.00
财务报表分析与证券估值（原书第5版）	斯蒂芬·佩因曼（Stephen Penman）等	978-7-111-55288-8	129.00
会计学：企业决策的基础（财务会计分册）（原书第19版）	简·R. 威廉姆斯（Jan R. Williams）等	978-7-111-71564-1	89.00
会计学：企业决策的基础（管理会计分册）（原书第19版）	简·R. 威廉姆斯（Jan R. Williams）等	978-7-111-71902-1	79.00
营销管理（原书第2版）	格雷格·W. 马歇尔（Greg W. Marshall）等	978-7-111-56906-0	89.00
市场营销学（原书第13版）	加里·阿姆斯特朗（Gary Armstrong）菲利普·科特勒（Philip Kotler）等	978-7-111-62427-1	89.00
运营管理（原书第13版）	威廉·史蒂文森（William J. Stevens）等	978-7-111-62316-8	79.00
运营管理（原书第15版）	理查德·B. 蔡斯（Richard B. Chase）等	978-7-111-63049-4	99.00
管理经济学（原书第12版）	S. 查尔斯·莫瑞斯（S. Charles Maurice）等	978-7-111-58696-8	89.00
战略管理：竞争与全球化（原书第12版）	迈克尔·A. 希特（Michael A. Hitt）等	978-7-111-61134-9	79.00
战略管理：概念与案例（原书第12版）	查尔斯·W. L. 希尔（Charles W. L. Hill）等	978-7-111-68626-2	89.00
组织行为学（原书第7版）	史蒂文·L. 麦肯沙恩（Steven L. McShane）等	978-7-111-58271-7	65.00
组织行为学精要（原书第13版）	斯蒂芬·P. 罗宾斯（Stephen P. Robbins）等	978-7-111-55359-5	50.00
人力资源管理（原书第12版）（中国版）	约翰·M. 伊万切维奇（John M. Ivancevich）等	978-7-111-52023-8	55.00
人力资源管理（亚洲版·原书第2版）	加里·德斯勒（Gary Dessler）等	978-7-111-40189-6	65.00
数据、模型与决策（原书第14版）	戴维·R. 安德森（David R. Anderson）等	978-7-111-59356-0	109.00
数据、模型与决策：基于电子表格的建模和案例研究方法（原书第6版）	弗雷德里克·S. 希利尔（Frederick S. Hillier）等	978-7-111-69627-8	129.00
管理信息系统（原书第15版）	肯尼斯·C. 劳顿（Kenneth C. Laudon）等	978-7-111-60835-6	79.00
信息时代的管理信息系统（原书第9版）	斯蒂芬·哈格（Stephen Haag）等	978-7-111-55438-7	69.00
创业管理：成功创建新企业（原书第5版）	布鲁斯·R. 巴林格（Bruce R. Barringer）等	978-7-111-57109-4	79.00
创业学（原书第9版）	罗伯特·D. 赫里斯（Robert D. Hisrich）等	978-7-111-55405-9	59.00
领导学：在实践中提升领导力（原书第8版）	理查德·L. 哈格斯（Richard L. Hughes）等	978-7-111-73617-2	119.00
企业伦理学（中国版）（原书第3版）	劳拉·P. 哈特曼（Laura P. Hartman）等	978-7-111-51101-4	45.00
公司治理	马克·格尔根（Marc Goergen）	978-7-111-45431-1	49.00
国际企业管理：文化、战略与行为（原书第10版）	弗雷德·卢森斯（Fred Luthans）等	978-7-111-71263-3	119.00
商务与管理沟通（原书第12版）	基蒂·O. 洛克（Kitty O. Locker）等	978-7-111-69607-0	79.00
管理学（原书第2版）	兰杰·古拉蒂（Ranjay Gulati）等	978-7-111-59524-3	79.00
管理学：原理与实践（原书第9版）	斯蒂芬·P. 罗宾斯（Stephen P. Robbins）等	978-7-111-50388-0	59.00
管理学原理（原书第10版）	理查德·L. 达夫特（Richard L. Daft）等	978-7-111-59992-0	79.00